四川省哲学社会科学普及基地
青少年性教育普及基地

四川省青少年性教育普及基地丛书之高等教育系列

社会性别与性教育

Shehui Xingbie yu Xingjiaoyu

吴银涛　苟　萍　徐海燕　主编

四川大学出版社

责任编辑:黎伟军
责任校对:敬铃凌
封面设计:墨创文化
责任印制:王　炜

图书在版编目(CIP)数据

社会性别与性教育 / 吴银涛，苟萍，徐海燕主编.
—成都：四川大学出版社，2018.8
（四川省青少年性教育普及基地丛书 / 苟萍主编）
ISBN 978-7-5690-2343-5

Ⅰ.①社…　Ⅱ.①吴…　②苟…　③徐…　Ⅲ.①性别差异-性教育-教材　Ⅳ.①G479

中国版本图书馆 CIP 数据核字（2018）第 207904 号

书名　**社会性别与性教育**

主　　编　吴银涛　苟　萍　徐海燕
出　　版　四川大学出版社
地　　址　成都市一环路南一段 24 号 (610065)
发　　行　四川大学出版社
书　　号　ISBN 978-7-5690-2343-5
印　　刷　成都金龙印务有限责任公司
成品尺寸　146 mm×210 mm
印　　张　7.25
字　　数　183 千字
版　　次　2019 年 6 月第 1 版
印　　次　2019 年 6 月第 1 次印刷
定　　价　35.00 元

◆读者邮购本书，请与本社发行科联系。
电话：(028)85408408/(028)85401670/
(028)85408023　邮政编码：610065
◆本社图书如有印装质量问题，请
寄回出版社调换。
◆网址：http://press.scu.edu.cn

序

XU

经过团队大半年的努力，这本《社会性别与性教育》教材终于定稿了。虽然编写的过程只花了大半年，但是从我开始接触社会性别至今已经 11 年了，这 11 年我亲自见证着社会性别在中国，尤其是在四川的学界、教育界的变化和发展。

硕士毕业以后，我有幸在四川性社会学与性教育研究基地就职，然后就顺理成章地从事性教育的研究和推广工作。那时候，苏茜作为福特基金会北京代表，倡导我们从社会性别开始进行性教育。我和很多人一样感到纳闷：性别有什么好研究的？一个人不是男的就是女的，研究到底不就回到了生理性别吗？性别平等不就是要女人和男人一样平权吗？但是，随着对这个领域了解的不断深入，我逐渐认识到从社会性别来打开性教育研究和推广的突破口确实是个不错的思路。

第一，“性”是个敏感的话题，业内人士谈性能够比较坦然，但是和陌生人来谈讨论性，不免尴尬。然而，“性别”却是一个人人都能讨论的话题，而且丝毫不会令人难堪。

第二，“性”涉及隐私，无论是研究还是科普，收集资料都很不容易。但是，“性别”却是一个外显的、公开的话题，收集资料很容易。

第三，性社会学是个边缘和弱势的学科，然而，它的很多理论和思潮却可以通过社会性别得到很好的呈现，如本质主义、建构论，尤其是近年来的主体建构论，在社会性别上有了很好的呈现。让我们再来看看性别的分类，11 年前我还停留在男女二分的认识阶段，而现在却知道社会性别已经发展到性别光谱了，真是令人惊诧。

这本教材主要是给性教育专业的大学生用的。通过社会性别的丰富内涵，以及其所关涉的各种人文社会科学思潮，确实可以对大学生的人文素养的提升起到一个很好的促进作用。让学生们通过性别这个话题来学习性社会学领域的各种思潮的发展，是个很好的途径；同时，社会性别的建构性、参与性，也是一个很好的提升学生实践教学设计能力的途径。

在本书编写的过程中，我就体系设计问题请教了潘绥铭老师，他给了我很多的鼓励，勉励我在目前这个阶段先做性别的倡导性的主体建构工作。感谢潘老师对本书提纲的肯定，同时，我也非常感谢编辑在本书编写过程中对我的不断鼓励和提醒，没有他们的支持，这本书不会这么快出版。

吴银涛

2018 年 8 月

MULU 目录

第一章　社会性别概述

002 /　第一节　社会性别概述
014 /　第二节　西方女性主义运动及社会性别理论的产生
026 /　第三节　社会性别理论的来源及意义
030 /　第四节　中国社会性别制度和关系的经权因变
046 /　第五节　社会性别概念在中国的发展及反思

第二章　社会性别：从本质论到社会建构论和主体建构论

062 /　第一节　现代心理学关于社会性别的本质论假设
067 /　第二节　对社会性别本质论的批判性质疑
073 /　第三节　社会性别建构论及其对于心理学的意义
080 /　第四节　多元社会性别
092 /　第五节　从社会建构论到主体建构论

M目录 ULU

第三章 社会性别与性教育

112 / 第一节 中国青少年的多元的性与性别
122 / 第二节 中国针对青少年的性教育的实效研究
129 / 第三节 专家对性教育新思维的倡导
134 / 第四节 建构论的性教育理念

第四章 社会性别教育：现状与反思

146 / 第一节 单性别教育
166 / 第二节 双性别教育
176 / 第三节 性别平等教育

第五章 当前社会性别热点现象解读

190 / 第一节 男孩危机
203 / 第二节 “剩女”现象
213 / 第三节 性少数群体

第一章
社会性别概述

第一节　社会性别概述

一、社会性别概念的定义①

“社会性别”是英文 Gender 的中文翻译，与英文 Sex（生理性别）相对。社会性别概念作为当代女权主义理论的核心概念和女权主义学术的中心内容，各组织和学者对它的定义不尽一致，比如：

《英汉妇女与法律词汇释义》中提出：“社会性别一词用来指社会文化形成的对男女差异的理解，以及在社会文化中形成的属于女性或男性的群体特征和行为方式。”②

《牛津社会学词典》中提出：“社会性别关注男女之间由于社会结构性原因所形成的差别。社会性别不仅指个体层次上的认同和个性，而且指结构层次上的在文化预期和模式化预期下的男子气和女子气。”

《加拿大国际开发署性别平等政策》中提出：“性别指的是

① 易彬彬. 当代西方女性主义视野下的社会性别概念研究[D]. 湘潭：湘潭大学，2007.

② 谭兢常，信春鹰. 英汉妇女与法律词汇释义[M].北京：中国对外翻译出版公司，1995：145.

由社会化过程所构建的女性和男性的作用和责任。性别这一概念也包括对女性（女性化）和男性（男性化）的特点、态度和行为的一种期望。”[①]

《社会性别分析框架指南》中提出：“生理性别是人类生理上的事实；而社会性别不是。作为男性或女性的经历会因为文化的不同而相差很大。社会性别概念被社会学家用来描述在一个特定社会中，由社会形成的男性或女性的群体特征、角色、活动及责任。因为社会的组织方式，我们的社会性别身份决定了社会如何看待作为男人和女人的我们，以及期待我们如何去思考和行动。”

《联合国计划开发署社会性别与发展培训手册》中提出：“（社会性别）泛指社会对两性及两性关系的期待、要求和评价。社会性别常常在社会制度（如文化、资源分配、经济体制等）中以及个人社会化的过程中得到传递、巩固。”

盖尔·鲁宾认为：“作为初步定义，一个社会的性/社会性别制度是该社会将生物的性转化为人类活动的产品的一整套组织安排，这些转变的性需求在这套组织中得到满足。”[②]琼·W.斯科特给社会性别的定义是：“基于可见的性别差异之上的社会关系的构成要素，是表示权利关系的一种基本方式。”[③]巩乃华

① 林志斌，李小云. 性别与发展导论[M]. 北京：中国农业大学出版社，2001：42.

② 王政，杜芳琴. 社会性别研究选译[C]. 北京：生活·读书·新知三联书店，1998：3.

③ 林志斌，李小云. 性别与发展导论[M]. 北京：中国农业大学出版社，2001：42.

提出："社会性别是相对生理性别而言的，强调两性间的根本差异在于它的社会性。后者被作为生理范畴，被用来表达男女之间由于基因、解剖及荷尔蒙分泌不同而造成的生理上的差异，而前者则是社会范畴，通常用来指作为一个男人和女人的社会含义，即由特定文化环境规定的被认为是适合其性别身份的相关特征及行为举止。"①

由此可见，尽管西方女性主义者对社会性别的理解并不完全相同，但她们都在强调人的性别意识、性别行为是在社会生活制约中形成的，女性扮演的性别角色，并非是由她们与生俱来的生理和心理因素决定的，而是社会生活的产物，并随着社会生活的发展而变化。

二、社会性别理论的内容②

从对"社会性别"概念所做的不同的定义中，我们可以总结出社会性别理论所包含的三方面基本内容：

（一）社会性别差异

现实生活中的男性和女性总是自觉、不自觉地被一套"性别文化"的指令所支配。在这套"性别文化"中，男性通常被认为是体魄强健、线条粗犷、声音雄厚、性格刚烈、粗心、大胆、邋遢、有泪不轻弹、理性化等；女性则是曲线柔美、性情温顺、心细、胆小、爱清洁、爱哭、情绪化……男性始终被告知应具有男

① 王政，杜芳琴. 社会性别研究选译[C]. 北京：生活·读书·新知三联书店，1998：3.

② 雷欣. 社会性别理论探析[D]. 武汉：华中科技大学，2008.

子汉气概，要具有阳刚之气，要善于并勇于挑战，成为命运的主宰；而女性则必须要有“女孩的样子”，要具有阴柔之美，要温顺、服从，严格遵守社会规范。

但是我们很容易发现，这套“性别文化”对两性规定的气质特征，还可以做一次分类：一种是两性在自然条件下不可互换的，诸如体征、形貌、功能等特征。如女人会生孩子，这是女性所独有的生育功能，男性是不可能具有的。另一种则是男女可以互换的，如性情、行为方式、意识等特征。比方说，女人可以刚烈豪放、有野心、有抱负心，男人也可以温柔细腻。而后者，便是社会性别理论研究的范围了。

社会性别理论认为，当人们对两性进行描述的时候，实际上他们所下的结论都属于社会的、文化的意识形态对男女角色的定型，而并不一定代表着两性的真实存在或潜在存在，也绝非性别的生理属性之延伸那样简单。

对“性别文化”进一步深入研究之后，社会性别理论发现这套“性别文化”对两性的区分，不仅把两性的群体特征和行为角色对立起来，而且在做价值评价的时候，女性往往都处于劣势地位，男性则总处于优势地位。例如女性总与感性、感情用事、消极被动关联，而男性却总与理性、有事业心、积极主动关联。对此，社会性别理论认为，这种现象并非如性别本质决定论所认为的是由两性的生理差异而得出的，而是由男性主导的话语力量在男权制统治的保障下所创造的社会文化建构所形成的。所以，“性别文化”中关于性别的成见和性别差异的社会认识要想被改变乃至被消除，女性必须打破男性对话语权的垄断。

在社会性别理论对“性别文化”的解构中，我们可以总结出它关于性别差异的基本观点：

第一，社会性别理论关于性别差异的讨论，挑战了社会中许多被视为“常识”的知识，它从角色、行为规范、服装配饰等层次质疑两性身份存在的必然性和合理性；从公共领域和私人领域的层面，挑战传统的“男主外女主内”的社会分工及其价值观念；从社会分层制度和社会结构的层面，探讨社会发展与两性平等的关系。

第二，社会性别理论强调两性之间的差异是由社会文化建构导致的差异，而不是建立在生理上的，由生理因素所决定的、不可改变的。两性差异的建构性决定着它是可以被解构的、被改变的。

第三，社会性别理论从社会性别的角度追求两性平等，不是要求女性从男性手中“夺权”，而是强调女性作为主体的自我意识的觉醒。它对两性性别平等的追求实际上也重视男女两性共同发展的过程，只是目前女性较男性仍处于弱势地位。

总之，社会性别理论追问性别差异形成的社会因素，把性别差异看成是社会文化造成的，由此也找到了消除不平等差异、实现女性解放的基本途径。

（二）社会性别角色

角色（role）是一个人在其所占的社会位置上担负的相应任务和从事的活动，包括两个不同的层面：一种是“角色期待”，指社会期待的活动；另一种是“角色表现”，指个体实际从事的活动。同样，性别角色（社会性别）的概念也包括两个层面：性别角色期待与性别角色表现。前者是指社会期待某类性别的人从事的活动内容，后者则是指两性依循着社会期待所表现出来的行为。人类在社会化的过程中，两性承担着不同的角色，也因此造成了两性在社会地位上的不同。例如，在家庭的单位中，男性担任“父亲”“爷爷/外公”“公公/岳父”等角色；女性则扮演“母亲”“奶奶/外婆”“婆婆/岳母”等角色。这是根据两性的生理差异而划分的角色分工。但是现实生活中，人们把这种生理上的性别差异延伸和加以放大，形成了所谓“男主外女主内”的角色分工。男性拥有政治上的决定权、经济上的独立权、家庭中的特殊权，而女性只承担着贤妻良母的辅助性角色。这种角色分工把女性推到了更为严峻的境地。

在西方哲学公共领域和私人领域的划分中，公共领域是男人的领域，私人领域才是女人活动的领域，而且公共领域的价值远远高于私人领域。女人与生俱来的位置在家里，而男人则以工作和政治这些公共世界为主要生活内容。这实际上人为地限制了女性的活动领域。

面对这样的两性角色分工，社会性别理论认为，这并不是由两性在生理上的差异决定的，而是在父权制社会下，个体为了使自身获得的性别角色和性别身份符合社会文化所规定的性别符号，因而通过学习特定社会文化所规定的性别规范，来获得自己“适宜”的性别身份。因此，传统的性别角色分工也是个体在后天通过学习而获得的。

女性主义者凯特·米利特（Kate Millet）在其著作《性的政治》一书中，就探讨了这种“习得”。她指出，从幼儿时代起，社会文化和制度就将男孩与女孩置于分离的领域进行熏陶和训练，通过两性的模仿、社会的奖惩等手段，使个体的行为方式与性别定型观念取得认同，从而完成性别角色的社会化。这一过程是在家庭、学校和社会的共同影响下完成的。这种后天习得的性别角色的一整套价值观念如此根深蒂固，使之成为女性甘愿承受父权制统治的有效手段。[①]

因此，社会性别理论认为个体从出生开始，就受到传统性别文化的规训，后者一直持续地塑造着人们的思想、观念、行为，使人们发展成符合社会要求的“男人”和“女人”。在对“社会性别角色”的探索中，社会性别理论反对性别角色文化对两性的束缚与限制，而主张个体应成为自主选择性别角色及身份的主体。

（三）社会性别制度

社会性别理论不仅说明了两性的性别差异是由社会建构起来的，它还揭示了这种被社会文化建构起来的“男性”和“女性”之间存在着一种等级关系、一种权力关系：在性别文化中，关于女性的观念和理想较之于男性总是被认为是消极的、处于劣势的；在现实生活中，女性在各方面都处于从属的、被压迫的地位。因此，性别不但是社会关系的重要组成部分，更如斯科特所认为的，是表达权力关系的一种方式。

那么，两性之间的权力关系是如何形成的呢？为什么男性总是拥有着对女性的统治权和支配权呢？女性主义一直在探索着为什么女性处于被压迫地位这一根本性的问题。当女性主义对西方知识传统进行反思的时候，她们发现其中女性话语权的缺失。于是她们继而追问为什么女性没有话语权。最终，她们把矛头指

---

① 凯特·米利特. 性的政治[M]. 钟良明，译. 北京：社会科学文献出版社，1999：126.

向了传统父权制社会的统治。她们认为，一直以来社会都处在父权制的统治之下，并且父权制社会中存在着一套与经济、政治制度密切相关、但又有自身运作机制的社会性别制度。这套社会性别的制度巩固着并按照性别文化对两性的规范，把每一个个体都囊括进来，置于特定的性别位置之上。它把人类活动的领域分为公共领域和私人领域，使两性认可这种分工，以组织他们的情感和生活。

社会性别制度持续的目的就是把女性作为一个屈从于男性的群体来建构，以维护父权制社会的统治。它不仅让女性认可和接受这种屈从地位，把其看作是自然的、不可改变的，还力争保障男性在各个方面和层次的优势地位。这体现在父权制社会中，无论政治、经济、教育等领域，还是军事领域，大部分权威的位置都保留给男性；社会结构安排从社会最高权力机构就排斥女性；社会核心的文化观念也总是与男性、男性气质联系在一起的。因此，社会性别制度其实就是父权制及其男性中心主义思维模式的体现。

正是与权力机制联系在一起，社会性别制度不再是作为组织社会关系的一种方式，更是获得了一种复制自身的力量。社会性别制度与权力结合在一起，控制着社会意识领域和社会资源分配领域，并且以此产生并促进两性社会性别的再现，最终影响着社会的分层系统和个体的生活选择。

综上所述，社会性别差异着重探讨的是社会文化中所包含的对男女差异、两性群体特征及行为方式的理解。社会性别理论强调的是两性差异的社会文化建构性、非自然性、非生理性。社会性别角色，即个体或群体通过学习特定社会文化中规定的一整套两性价值规范来获得自己的性别身份，也就是两性从社会中学来的行为和所从事的活动。社会性别理论强调的是两性之间存在着权力关系：男性处于统治地位，女性处于被统治的地位。两性间的等级关系实际上就是父权制的体现。这三个方面的内容是相互联系的、相互作用的，共同构成了一整套影响性别分化的社会性别机制。

三、社会性别视角的特征①

“作为一种分析方法，社会性别视角不是知识或主要不是知识，而是思考问题、认识问题的方法。”②许多研究显示，作为认识论与分析方法的社会性别视角，有助于获得对人类和自身的新认识。③

那么，究竟何谓社会性别视角？近年来，虽然越来越多的研究者在使用这一视角研究各种问题，但是社会性别视角究竟具有什么样的特征，特别是社会性别视角与人们通常所说的女性主义视角、女性视角之间究竟有什么异同，在这一问题上少见具体的辨析。

有学者认为，社会性别视角首先是一种女性主义视角，也就

① 周小李. 社会性别视角下的教育传统及其超越[D]. 武汉：华中师范大学，2008.

② 李海生. 论教育管理研究中的社会性别视角缺失[J]. 教育发展研究，2005（10）：63-66.

③ 李慧英. 我国社会性别研究的发展及其意义[J]. 妇女研究论丛，1999（1）：46-48.

是说，社会性别视角是女性主义视角中的一种。

我们可以将女性主义理解为一场提高女性地位、争取女性解放的政治斗争和社会运动，也可以将其理解为一种强调两性平等、对女性进行肯定的价值观念、学说和方法论原则。[①]女性主义历经 100 多年的发展历程，其内涵和主旨在不断地发生变化；所以，“女性主义并不是铁板一块的意识形态，所有的女性主义者并非以同样的方式想问题”。[②]由此，人们已将女性主义划分为不同派别，如自由主义女性主义、激进女性主义、马克思主义女性主义、文化女性主义、后现代女性主义等。每一流派女性主义的思想，均经历了它的过去、现在和未来。

虽然女性主义与性别和女性存在天然的联系，但是不同流派女性主义以及不同时代女性主义研究性别问题和争取女性权益的视角是多元的，存在于社会实践和学术研究领域的许多视角同样为女性主义所采纳，譬如阶级、阶层、民族、种族等。社会性别视角是最能代表 20 世纪 70 年代以来当代西方女性主义的一种视角，其中，文化女性主义和后现代女性主义对这一视角最受青睐。既然社会性别视角是一种典型的女性主义视角，它就必然充分体现了女性主义视角的根本特征。

那么，什么是女性主义视角？女性主义视角是一种将女性及性别问题置于学术研究的中心，关注女性的知识、经验、处境，强调由女性以平等参与的身份对女性自身的经验进行阐释，以改

---

① 肖巍. 西方的女性主义教育思潮[J]. 理论与现代化，2006（6）：92-98.

② [美]罗斯玛丽·帕特南·童. 女性主义思潮导论[M]. 艾晓明，等，译. 武汉：华中师范大学出版社，2002.

善女性生活环境和状况为目的的研究。[1]所以，作为一种女性主义视角的社会性别视角，其主要特征如下：其一，替女性发声，高度关注女性的利益，具体而言就是要揭示女性的不利处境，并探讨如何消除性别歧视、促进女性更为平等与充分的发展；其二，充分肯定女性的历史、经验、知识、情感、价值观等。

社会性别视角所关注的核心问题是女性在社会生活中的不平等处境，女性是研究者关注的焦点。但是，社会性别视角不等于女性视角。女性视角的准确含义是“在女性看来如何”，是以女性的经验、思维方式或者立场为立足点来分析问题与解决问题；采纳这一视角的研究，基本上将女性从性别中抽离出来。社会性别视角尽管也为女性发声、重点关注与女性相关的问题，但是，这一视角将女性与男性视作一组关系范畴，并将其同时纳入研究的视野，而且将那些与女性相关的问题置于社会性别中的权力机制予以分析。此外，以社会性别视角分析和解决问题的重点目标虽然在于改善女性的不利处境，但是这一目标的实现，是以这一终极目的为导向的，即男女两性平等、全面而自由的发展。

所以，较之女性视角，社会性别视角的特征如下：其一，不是将女性孤立地提取出来，而是将女性问题放在男女两性的关系结构中进行分析；其二，它不是将男性作为对立面，而是指向与性别相关的文化、制度或结构。也就是说，社会性别视角将女性作为研究重点，但同时又将两性和两性关系纳入研究视野；而且，社会性别视角并不排斥或仇视男性，也不试图以女性中心主义代替男性中心主义，而是以男女平等和男女两性的自由与解放为研

① 郑新蓉. 性别与教育[M]. 北京：教育科学出版社，2005：232.

究目的。

因此，有研究者认为，社会性别视角的研究具有双重意义："一方面可以看到男女两性之间不平等的权利关系，另一方面可以看到男女两性受到的不同限制和制约。不仅有助于女性而且也有助于男性反思传统性别规范对自身的束缚，从而形成颠覆传统性别文化的合力。"[①]

社会性别视角除了具有相对于女性主义视角和女性视角的各种特征，相对于"阶级""种族""地域"等视角，它还具有以下几点特征：其一，揭示性别不平等背后的制度性、结构性因素或社会文化因素，分析社会文化中的哪些因素造成了性别不平等的形成；其二，通过改革由男权文化建构的社会性别制度或社会性别文化，来改变现实的性别不平等状况；其三，采纳社会性别视角的研究，着重分析"两性在私人及公共领域的关系及其这些关系在社会变迁中如何调整"[②]。

① 李慧英．我国社会性别研究的发展及其意义[J]．妇女研究论丛，1999（1）：46−48.

② 苏红．多重视角下的社会性别观[M]．上海：上海大学出版社，2004.

第二节 西方女性主义运动及社会性别理论的产生①

“社会性别”（Gender）产生于西方女性主义运动，也是女性主义的核心概念。为了深入了解社会性别在西方女性主义中的发展，需要将 Gender 概念放置在女性主义运动的历史发展中。本节将简要梳理两个世纪中，在西方女性主义运动不断发展的过程中，女性主义理论如何伴随着社会运动与女性运动几经沉浮，日趋成熟。其中，社会性别理论作为女性主义运动的一种理论是怎样出现的、又具有怎样的地位，这是本节主要关注的问题。

一、早期女性主义的宣言：平等

虽然女性主义的思想萌芽于中世纪，然而，在一定意义上，真正形成规模的女性主义运动是作为西方社会工业革命的伴生物出现的。18 世纪 60 年代，欧洲大陆经历了一场史无前例的社会变革。在这场变革中，广大女性受到资产阶级启蒙思想的洗礼，同男性并肩战斗，向落后的社会制度进攻，争取民主、平等和自由。然而，当革命胜利，男性获得权利的时候，却拒绝给女性以

① 陈彩云. 从“平等”“社会性别”到“公民资格”——西方女性主义的理论转向[J]. 妇女研究论丛，2002（4）：53-59.

同等的权利。长期被压抑的女性意识开始觉醒，这种意识转而上升为争取经济、政治权利的要求。于是，英国妇女在工人运动中觉醒；法国妇女运动在声势浩大的法国大革命中萌芽；美国妇女运动在如火如荼的废奴运动中兴起。由此，揭开了西方女性运动第一次浪潮的序幕。

早期女性运动的启蒙著作有：奥伦比·古日的《女权宣言》，玛丽·沃斯通克拉夫特（Mary Wolfstonecraft）的《女权辩护》，泰勒（Taylor）的《妇女的选举权》，约翰·穆勒（John Mill）的《妇女的屈从地位》《妇女的参政权》等。

（一）理论关切：平等（equality）

尽管早期运动时期的妇女状况因国家、种族、文化乃至产生的社会背景的不同而存在差异，但对女性而言，有一点是相同的，那就是相对于男性而言，她们处于较为低下的地位。同时，从女性主义的发展历史来看，都处于运动的初期，这使该时期的女性思想有着十分相似的关切点。

平等问题是这一时期女性思想关注的中心。她们受天赋人权思想的启发，对传统的以生理差异为由而轻视、贬低女性能力的思想进行了批判，把斗争的矛头集中于女性被否定的受教育权利和经济权利，要求给予女性同男性平等的受教育权、工作权和选举权。法国女性运动家奥伦比·古日在《女权宣言》中指出："妇女生来就是自由人，和男人有平等的权利。社会的差异只能建立在共同利益的基础之上。"

英国女性运动的先驱玛丽·沃斯通克拉夫特在纲领性文件《女权辩护》中批评了卢梭关于女性要取悦、依附于男性的观点，认为与男性一样，女性同样具有理性，她们才能低下是因为缺乏有效的教育，导致她们失去平等的机会。她指出："我深信忽视对于我的同胞们的教育乃是造成我为之悲叹的那种不幸状况的重大原因，我还深信特别是妇女，她们由于一种草率的结论产生出来的种种综合原因而陷于懦弱和可怜的境地，妇女们在此以前所受的教育和文明社会的制度只是促使她们成为无足轻重的欲望对象。"因此，她呼吁给予女性同男性平等的受教育权利和其他社会权利，培养她们的理性，使她们能够真正履行贤妻良母的社会职责。穆勒从社会进步的需求角度认识妇女问题，认为"规范两性之间的社会关系的原则——一个性别法定地从属于另一性别——其本身是错误的，而且现在成了人类进步的重要障碍之一。"所以他主张"代之以完全平等的原则，不承认一方享有特权，也不承认另一方无资格"，即在法律上赋予女性同男性平等的选举权和参政权，提高妇女素质，改善妇女地位。

（二）理论特点

当时的女性思想大多出于中产阶级女性，主要受当时社会革命潮流的冲击，她们从自身的感受出发，对束缚女性、造成男女不平等的各种现象进行抨击，鲜明地树立起女性的旗帜，让更多的人关注长期以来被压迫、剥削和边缘化的女性群体。然而，作为早期女性主义运动的一部分，此时期的女性思想略显稚嫩，具体表现在以下两方面。

其一，20 世纪初期，feminism 这一单词才开始代替 women's movement，出现在英文世界。也就是说，当时还不存在一个整体概念上的"女性主义"。因此，严格地说这一时期的女性思想不能称为"女性主义"。

其二，受时代以及当时社会革命复杂性的限制，早期女性主义在思想上不可能建立自己的理论体系和知识结构。当时关于女性受压迫地位的诸多问题曾被涉及，但由于没有独立的研究对象与方法，这些问题也只能停留在表面上，而未能深入展开。

（三）存在的问题

首先，早期的女性主义思想大多数停留在对不平等地位的谴责以及男女共性的强调上，没有注意男性与女性在社会角色上的差异，比如沃斯通克拉夫特为女性辩护的目的是给她们提供良好教育的机会，使她们胜任贤妻良母的社会角色，做一个称职的妻子和母亲；穆勒也强调女性应该把精力奉献给自己的家庭。其次，她们以男性为标准，试图通过强调男女的共性来淡化性别差异，没有关注导致两性不平等的深层社会原因，忽略了诸如阶级、种族等社会结构因素对女性的影响，为以后的女性运动埋下了根源。在她们看来，似乎只要女性获得平等的受教育权利、工作权利和选举的权利，女性问题就解决了。

二、向社会性别制度宣战：个人是政治的

第一次女性浪潮取得了丰硕的成果，到 20 世纪 30 年代，女性的选举权以法律的形式确定下来，教育和就业方面也取得了很大的成就。但女性运动在历史上并未因此而沉寂下来。尤其是第二次世界大战结束后，世界范围内的各种解放运动蓬勃发展，为女性主义提供了进一步发展的契机。在这一潮流中，女性运动再度崛起，运动范围从美国波及亚洲、非洲、欧洲，在 20 世纪六七十年代形成第二次高潮。

此时的女性主义理论呈现出“百家争鸣”“百花齐放”之势。其中比较有影响的理论著作有：西蒙·波伏娃（Simone de

Beauvoir）的《第二性》、贝蒂·弗里丹（Betty Friedan）的《女性的奥秘》、朱丽叶·米切尔（Juliet Mitchell）的《妇女：最漫长的革命》、舒拉米斯·费尔斯通（Shulamith Firestone）的《性的辩证法》、凯特·米利特（Kate Millett）的《性的政治》等。学术界通常把她们分为三大理论流派：自由主义女性主义、社会主义女性主义和激进主义女性主义。

（一）理论关切：社会性别（gender）

这一时期，西方女性主义思想不仅关注女性状况的改善，而且从理论的角度探讨女性受压迫地位的性质与根源以及女性解放问题。早期的女性运动局限于对不平等制度的攻击以及女性所处不平等地位的揭示，呼吁两性平等，为女性争取到一定的权利，并以法律的形式得以确立。然而传统的社会性别角色仍然没有改变，女性受压迫地位没有发生根本的变化，这引起众多理论家重新思考平等问题。平等不只是一个形式问题，要彻底改善不平等状况，仅仅靠形式上的认同是不够的，必须寻找两性不平等的深层根源。

尽管几大流派对两性不平等的根源问题在认识上不尽相同，但她们都极其关注现存社会制度在形塑两性社会角色时的作用，以及这种角色差异对两性关系和地位的影响，并向传统的父权制社会制度和结构发起了进攻。西蒙·波伏娃在《第二性》中一针见血地指出：女人不是天生的，而是塑造的。她从社会心理学的角度论证了父权制社会的性别统治、性别压抑和它的一整套意识形态，铸造了历史性的女人，使女人按照男人的价值期望标准来塑造自己，从而使女人降为男人的“他者”，男人的“一部分”，成为男人确证自己的参照物，变成了人类的“第二性”。贝蒂·弗里丹在《女性的奥秘》中谴责了传统社会制度对妇女的歧视和压制，呼吁广大妇女冲破家庭的束缚，争取自己的权利。凯特·米利特这样写道："性别之间的统治深深扎根于我们的社会结构之中。这种统治比任何一种被迫隔离的方式更加牢固，比阶级的形成更加无情，更一致，而且毫无疑问也更长久。父权制作为一种制度，是一个社会常数，这个常数贯穿其他所有政治、经济和社会的形式。"因此，只有通过人类意识形态的变革，消灭男性中心主义思想和机制（主要是家庭）才能实现女性的解放。上述思想表达了女性主义的共同认识：女性社会角色是父权制制度社会建构的结果，要实现女性解放，必须向父权制宣战。

20 世纪 70 年代，"社会性别"（gender）被大量引用到对两性不平等关系的分析中，成为第二次高潮的核心概念。在此概念基础上形成的社会性别理论向 19 世纪西方盛行的生物决定论以及女性的传统社会角色提出了有力的挑战，它指出形成性别不平等关系的重要因素，深化了对两性不平等关系认识。社会性别概念表达了以下含义：生物差异并不是造成两性角色及行为差异的决定性因素，制度和文化因素是造成男女角色和行为差异的原因；社会对妇女角色和行为的预期往往是对妇女生物性别规定角色的延伸；人们现有的性别观念是社会化的产物，因而是可以改变的。

在一定意义上，社会性别概念是对父权制下两性关系的总结和深化。西蒙·波伏娃、凯特·米利特等人已经表达了性别的社会建构含义，但没有明确提出"社会性别"这一概念。"社会性别"是作为区别于"性别""性"（sex）概念而提出的。1972 年，欧克利（Ann Oakley）在其《性、性别与社会》一书中指出：

sex 是生物学的，gender 是文化的，对性别和社会性别作了前瞻性论述。社会性别（制度）这一概念最早由美国人类学家盖尔·卢宾（Gayle Rubin）提出，用来指“该社会将生物的性转化为人类活动的产品的一套组织安排，这些转变的性需求在这套组织安排中得到满足”。盖尔·卢宾认为正是这些组织安排，将语言和文化意义强加在生理结构之上。因此，她主张从人类发展的初级阶段寻找女性受压迫的根源，女性主义的目标是消灭制造性别歧视和社会性别的社会制度。

（二）理论特点

这一时期的西方女性主义理论开始成长起来。社会性别概念揭示女性不平等地位的根源，让更多的人了解这一思想：女性的受压迫地位，不是天生的事实，是政治权力问题，因而是可以改变的。然而，它的意义远不止于此，主要表现在以下三方面：

其一，表明女性主义理论视角的转变。社会性别强调社会制度和文化建构因素对塑造女性社会角色的影响，它表明女性主义不再盲目地以男性的标准和价值来衡量女性自身，而是开始关注怎样把女性从传统的社会束缚中解放出来。正如瓦勒里·布赖森（Valerie Bryson）所言，“女性主义政治理论认为，女性及其状况是政治分析的中心。女性主义的目标是去理解社会，以便向它提出挑战，并对其加以改变；它的目标不是抽象的知识，而是那种能够被用来指导和造就女性主义政治实践的知识。”

其二，自 20 世纪 70 年代被提出以来，社会性别理论成为女性主义学术基础与理论核心，女性主义有了自己独立的研究对象和研究视角，不再依附其他学科，开始建立自己独立的理论体系以及分析方法，女性学开始成为一门独立的学科。从 20 世纪 80 年代开始，女性主义者就致力于建构以女性为中心的知识体系，揭露西方知识体系和权力体系中男性主流的父权制假设。在这一过程中，女性主义不同的理论流派异彩纷呈，向多元化发展。

其三，此时的女性主义理论颇具革命性，它开启了认识论上的一场变革。女性主义作为反主流文化潮流逐渐向社会、思想、文化诸领域渗透，并开始挑战元理论层次的科学哲学基础。它把矛头对准男权社会的性别歧视，力图在整个社会、经济和政治进程和知识发展中重新评价女性的地位与价值，“个人是政治的”口号充斥着社会科学各个学科领域。

（三）存在的问题

首先，社会性别理论揭示了两性不平等的根源，然而女性主义却陷入消除差异还是强化差异的两难困境：建立在她们与男性平等的原则基础上的普遍主义与建立在她们与男性的差异基础上面的特殊主义之间的矛盾。因为，消除差异意味着以男性为女性的标准；而强化差异则又等于默认了生物决定论。

其次，无论是父权制还是社会性别制度都不能解释具体社会文化背景下的性别压迫。性别并不能够涵盖女性受压迫的所有根源。性别的视角容易将女性作为没有差别的统一体来看待，即假定存在一个具有普遍意义的“女性”这个范畴，她们有共同的经验，这些共同的经验来自她们作为受压迫女性存在的共同经历。而一些学者指出，不同阶级、种族、民族、文化的女性经验是各不相同的，并不存在一个具有普遍意义的女性经验，所谓的女性经验只不过是第二次女性运动中白人中产阶级妇女的经验而已；而黑人女性和第三世界女性各不相同的感受和体验从根本上被忽略了。

最后，性别与性的区别本身就受到挑战，因为两性差异概念已经有了社会性别的种种方式，因此不可能在性与社会性别之间做出明确的区分。

三、人类共同的目标：差异而平等的公民资格

在世纪之交，西方国家开始向后工业社会迈进，世界范围的科技信息革命加快了世界经济一体化的进程，在改变人类生产方式的同时，在认识领域掀起了一场大变革。后现代主义、后结构主义、后殖民主义等社会思潮风起云涌，在这一背景下，女性主义第三次浪潮初见端倪。在此条件下，日益趋向成熟的西方女性主义理论分化组合。这一时期西方女性主义的理论著作，既是对前一时期女性运动和理论的总结与反思，又是对新世纪女性所面临的一系列问题的回答。其中引人瞩目是关于公民资格理论的讨论。相关作品有鲁思·利斯特（Ruth Lister）的《公民资格：女性主义的观点》，瑞恩·沃特（Rian Voet）的《女性主义与公民资格》，吉塞拉·博克（Gisela Bock）与苏珊·詹姆士（Susan James）主编的《超越平等和差异：公民资格、女性政治和女性的主体性》等。

（一）理论关切：公民资格（citizenship）

将“公民资格”概念引入女性主义理论视野，并不是近来的事情。早在女性运动初期，奋斗目标之一就是要求给予女性与男性同等的公民资格。然而当时的公民资格主要停留在概念的层面上。近年来，西方女性主义对公民资格的理论建构始于差异与平等问题以及身份和主体性的讨论。这一讨论源于后现代主义和后

结构主义对女性主义的挑战。在后现代主义和后结构主义那里，人的主体性（或身份）消解了，学者们开始质疑普遍的、统一的“妇女”的存在。由此引出的问题是：如果妇女不再具有普遍意义，如何能提出妇女的政治主张？因此，如何找到一个跨文化差异存在的身份，成为女性主义争论的焦点，建立一种变动的、多元的身份成为女性主义的目标。

在一定意义上，公民资格的理论建构可以看作是身份争论的进一步展开。今天的女性主义试图在更广泛的意义上理解公民资格。公民资格指“国家与个体公民之间以及公民之间的政治关系，还有由此关系而产生的权利、义务、行动、价值和观念”；女性主义公民理论在六个方面强调女性的地位和需求：自由、权利、社会平等、政治自主性、政治表现、政治判断。

简而言之，女性主义公民资格理论包含两层含义：第一，它是一种身份（identity），承载了一系列的权利，包括社会和再生产的权利；第二，它是一种实践（practice），包括广泛的政治（女性更倾向于参加的非正式的政治）参与。女性主义理论认为，“对女性以及她们利益多元性友好的政策必须建立在女性经验以及公民资格的观念和实践的转变上，以适应女性经验的多样性，而不是仅仅让女性去适应被传统否认的公民资格的实践。”它的目标是建立一种兼顾“差异的普遍主义”的制度，以赋予两性平等的地位。

换句话说，女性主义公民资格理论所强调的是在对传统公民资格（女性缺席）的批判当中，建立一个中立的没有任何歧视（包括性别歧视）的多元意义的公民以及公民资格概念，在此基础上建构一种包容不同身份差异（包括性别差异）的公民制度。

（二）理论特点

其一，女性主义内部融合的趋势。在第二次浪潮中，社会性别概念及理论的提出，刷新了人们对两性差异的认识。然而，对女性主义而言，唤起性别意识是重要的，却是不充分的。它没有给阶级、种族、民族、文化等因素留下充分的空间，因此，就无法避免女性主义内部的争论。争论毕竟是手段，不是目的。所以，近来，一些女性主义理论家呼吁在争论的基础上，寻找统一的理论基础，从而为女性主义的进一步发展扫平道路。在此意义上，女性主义在公民资格的基础上发展的公民理论，成为女性主义内部联合的一次尝试。

其二，女性主义理论关切的转变。女性主义理论家越来越认识到：女性运动要取得实质性的进展，不是依靠女性自身就能够完成的。不仅需要世界范围内广大女性的团结，更需要寻求作为人类另一半的男性的支持与配合。因此，有必要加强与男性的沟通、交流和协商。安妮·菲利普（Anne Phillip）指出："强调性别差异的重要性是必要的，但只是过渡性的，因为，我不想看到一个女性只能作为女性讲话，或者男性只能作为男性讲话"。因此，一些女性主义者认为，应该在更广泛的意义上定义女性主义。女性主义者不一定是女性。女性主义应该包括以实现妇女解放或彻底改善妇女地位为基本目标的所有思想和运动。

其三，女性主义理论的基调有所缓和，更具建设性。在方法上，她们力图超越传统的二元对立的做法，与其他学科方法渗透融合，目标更加接近现实。正如巴雷特（Barrett）所言，"对二元论、两分法以及非此即彼的批评成为当代女性主义的一个主题"。在实践上，她们介入国家，力求与国家和政府开展合作，以参与制定有利于两性平等的社会政策。

（三）存在的问题

首先，是否存在一种兼顾差异与平等的公民资格制度，如果存在的话，怎样建构；其次，不同国家、民族的女性如何超越国家和民族的界限联合起来；再次，重视人类的多元差异是重要的。然而，在性别意识并没有充分被激发的时期，强调种族、民主、文化的差异，强调女性与男性的联合，是否会淡化女性问题？

第三节　社会性别理论的来源及意义①

Gender（社会性别）既是当代妇女理论的核心概念，又是女权主义学术的中心内容。而在20世纪70年代，gender这一词只能用于语法中，仅指词的阴阳性。

Gender这个冷僻的语法用词怎么会成为女权主义的关键词？这同西方女权主义者，尤其是首先使用该词的美国女权主义者所处的社会文化背景密切相关。20世纪中叶，美国占统治地位的社会性别话语是“女性的奥秘”（弗里旦语）。意识形态和社会体制组织携手做出对女性的严密规范，即贤妻良母是正常女性的唯一生存方式。这套社会规范的科学理论基础是生物决定论，即贤妻良母的角色是由女人的生理特征所决定的，归根结底，性的差别（sexual difference）决定了女人的从属地位。

在这个背景下，20世纪60年代末出现的美国当代女权主义者冲击的重要目标是“生物决定论”。初期的一个重要步骤是区分生理性别（sex）和社会性别（gender）。生理性别指婴儿出生后从解剖学的角度来证实的男性或女性；社会性别则是在社会文化中形成的男女有别的期望特点以及行为方式的综合体现。这

① 王政．“女性意识”“社会性别意识”辨异[J]．妇女研究论丛，1997(1)：14-20.

样区分的目的是为了指出：妇女扮演的性别角色，并非以前的社会学家和心理学家所认为的是由女性的生理所决定的，而是由社会文化规范的；人的性别意识不是与生俱来的，而是在对家庭环境和父母与子女关系的反应中形成的；性别意识和性别行为都是在社会文化制约中形成的；生理状况不是妇女命运的主宰，男女性别角色是可以在社会文化的变化中改变的。初期的女权主义者没有立即用 gender 来表述这种区分，而是用 sex role（性别角色）来指称社会对女性的规范。但因为 sex role（性别角色）仍与 sex（性别，性）有明显联系，需要一个没有传统文化包袱的词来表达她们的新认识，所以在 20 世纪 70 年代上半叶，她们开始用 gender 来指称有关女人的社会文化含义。

同西方学术界解构西方二元对立的认识论相关，20 世纪 90 年代的女权主义反对将自然与文化对立，以及人的生物性和社会性对立；强调人作为一种生物，处处都印上了社会文化的痕迹，包括性。这类对 sex 和 gender 不断深入的讨论使社会性别理论日趋丰富和复杂。

一直以来，gender（社会性别）已经发展成西方学术中的一个重要分析范畴，国际妇女运动中的一个重要概念。但是，在 20 世纪 70 年代联合国世界妇女大会成立以前，我国学术界，甚至妇女研究界，对它的了解都是有限的。这一状况可能同社会性别理论的性质有关。同马克思主义创立的阶级概念相似，女权主义创立的社会性别概念也致力于探究一个被压迫群体——妇女——的历史与现状。但是，与阶级概念的诞生不同，社会性别概念不是产生于一个或几个人的著述，而是女权主义的集体创作。这个创作没有事先规定的提纲和要求，而是各人从自己的学术背景或现实关注出发，从各个角度对社会性别进行探讨和阐述，表达各不相同的理论观点。

盖儿·鲁宾在1975年发表的《妇女交易：性“政治经济学”笔记》影响很大，因为她提出了性/社会性别制度的概念（the sex - gender system），“性/社会性别制度是社会将生物的性转化为人类活动的产品的一整套组织，这些转变了的性需求在这套组织中得到满足”。

受到鲁宾的启发，女权主义学者们从各个方面探究社会性别制度在各种社会文化及各个历史时期的形态和演变过程，社会性别制度与其他制度如家庭、政治、经济、制度之间的关系；等等。对任何社会组织形态的研究都需要考察社会性别制度在其中的运作。对社会性别制度的研究扩大了“社会性别”这一词的内涵，也奠定了西方妇女学的理论基础。

20世纪80年代末，琼·斯科特的文章《社会性别：一个有助于历史分析的范畴》用后结构主义理论对“社会性别”做了新的阐述。她强调：“社会性别是诸多社会关系中的一分子，是基于能观察到的两性差异之上的；社会性别是表示权力关系的一种基本途径”。作为社会关系的一分子，社会性别涉及四个互相关联的因素：第一，具有多种表现形式的文化象征；第二，对象征意义做出解释的规范性概念（在宗教、教育、科学、法律、政治理论中表达）；第三，政治和社会机构组织；第四，主体身份的历史构成。作为表达权力的一个基本场所或途径，社会性别同权力的观念和权力的构成牵连在一起，因为权力的分配（对物质资源和象征意义资源的控制和支配）经常以社会性别观念为参照。把社会性别作为一种社会关系来考察的含义是：像任何一种社会关系一样，它的形成涉及社会文化各个部分；对它的考察必须是历史的、具体的，而不能是超越社会历史、本质主义的。

上述不同理论之间的关系不是互相否定而是互相补充，也就是说，我们既可以把社会性别作为一种制度来认识，也可以作为一种社会关系来了解。社会性别概念只有用于特定条件下的具体分析才有意义。社会性别是西方女权主义在对她们的文化、历史、社会的剖析过程中发展的理论框架。她们阐述的西方社会性别具体状况也许与我国的社会性别状况不尽相同或很不相同，但是，将社会性别看作是一种制度、一种社会关系的认识，却是我们可以借鉴的。我们可以用这样的认识来考察我们的社会性别状况，在对我们自己社会性别状况的历史的具体的分析中，丰富社会性别理论。

第四节　中国社会性别制度和关系的经权因变①

“社会性别”这一概念，不但有助于从性别关系角度对历史进行重新分期，也有助于发掘以往不曾注意的历史范畴和活动。本节从纵的历史线索来探讨中国社会性别制度和关系的经权因变，分别对近代以前（所谓“传统社会”）、近代以来（所谓“现代社会”）进行概括性的考察，同时进行简略的社会性别分析，旨在帮助中国的社会性别研究者对本土的两性生存及其关系的背景和实际情况，追源溯流、整体把握，建立一个从性别角度切入的观察和解释的初步框架。

一、近代以前：中国的父权制与性别关系

在近代以前的主流历史（华夏族）的进程中，有三个重要的历史转折应引起注意：第一，由母系时代向父系时代的转变；第二，父权制的确立；第三，父权-夫权制的健全。考古学发现证实华夏族先民曾有过一个母系社会生成和发展的时期及其向父系社会转换的过程；在夏商两代父系氏族社会高度发展以后，西

① 杜芳琴. 妇女研究的历史语境：父权制、现代性与性别关系[J]. 浙江学刊，2001（1）：106-111.

周礼制全面建制，父权制成熟，从而奠定了华夏性别制度的基本原则和内容；宋代以前，父权制逐步演化为一种父权-夫权的性别制度。父系的、父权的、父权-夫权的性别制度的共同特点是将母系时代的两性天然平等的“伙伴关系”改变为性别的不平等；这种不平等是以压抑女性为特点和代价的，同时也束缚了男性。

（一）母系制-父系制-父权制的性别关系

1. 母系时代

大约在3万年以前的旧石器时代晚期，居住在今天北京郊外的山顶洞人就生活在母系氏族的组织形态中。母系氏族典型的西安半坡聚落形态，反映出当时先民处于家庭和社会组织合一的、以对偶小家庭、母系家族和母系氏族三级组织构成的、以母系为中心的生产和生活形态之中。从墓葬反映的两性分工来看，虽然当时男女有了比较固定的分工，但没有主次、高低之分；相反，女性因为生育子女还受到相当的尊重。墓葬也反映了当时以母系为中心的葬俗的流行，表明当时对偶婚从妻居的男子死后要葬到自己的氏族的公共墓地。厚葬女性和幼女的习俗，也反映了当时对妇女的尊重和重视。在这种以女系传承、生产生活以母系为纽带维系的社会组织中，男女作为氏族成员是一律“平等”的。换句话说，当时的社会尊女崇母。

2. 父系制取代母系制

当母系氏族处于鼎盛时期，“危机”到来了。首先，生产-生活方式的变化，动摇着母系氏族的物质基础；而随着产品的增加，分配的不均，产生了贫富差别，母系氏族公有制受到挑战。母系氏族组织出现了裂痕并可能分裂成各种形式的家族。利益的分化导致的团体之间的战争又强化了男性首领的权势、地位和财富增加的趋势，进而他们要求改变世系传承的传统——由女系传承变为男系传承。在这一过程中，男性的作用和地位提升，日益成为物质生产、社会组织中的主角，妇女更多地承担为父系家族生育下一代人口的任务，并从事生产、家务和其他“私人事务”；性别奴役从男女合葬墓中男子直肢仰身、女子侧身屈肢面向男子甚至有呈跪伏状的殉葬女子上可以看出端倪。

3. 父权制的建立

传说中的“五帝”时代与考古学中父系制取代母系制时期大体相当，夏商两代是父系制的发展时期。禹的儿子启的时代，“家室”（“私领域”）和权力（“公领域”）还没有明确的划分，其标志是权力的丧失伴随着家室的被夺（丧权失妻或夺权得妻），但是女性在性关系上已经开始了色性的对象化和工具化，据载“女色”的观念和“美人计”的运用就始于夏代。

商代的父系制是建立在明显的阶级分野基础上的贵族父系制，与此相关的是男性本位的男婚女嫁（不一定居于夫所）、一夫多妇（无嫡妾之别）的婚姻制度。在贵族家庭内部，还没有建立起男性之间的宗法等级关系，对于男子的亲属称谓，父亲的同辈兄弟一律称“父”，子辈一律称“子”（女儿亦然）。因此决定了对女性亲属的称谓，所有的成年女性一律称“妇”，没有嫡妾之别；生子之妇一律称“母”，没有嫡庶之辨。这种性别制度有利于贵族妇女参与公共事务，商代贵妇有介入“公领域”的传统，如参与军政事务、准备和主持祭祀、管理农业等。在属于“私领域”的婚姻家庭领域，因为没有嫡庶制和嫡妾制，诸妇间的关系也没有立嗣争宠的问题。作为商王的母亲，生前受到尊敬，死后还享有儿王的独祭。

西周初期，以周礼的制定为标志的父权制建立起来了。这个制度的核心是嫡长子继承制，由此决定了婚姻是实行严格的外婚制和从夫居的一夫一妻多妾制。在这两个制度的基础上又制定了男性贵族本位的宗法制、分封制、丧服制和庙祭制等一系列的贵族等级制度。又由以上制度决定了贵族内部的性别等级划分：男女间分成了尊卑的位置、内外的分工及其价值界定，在女性之间也随着男性的地位身份分成了长幼、亲疏、尊卑的等级。

具体来说，在性别分工上，周代贵族将“公”“私”、“内”“外”做严格判分：在国与家之间谈公私，在家的范围谈内外，私是相对于国事的家庭事务，由男女共同承担；在婚姻制度上，严格的外婚制将通婚的双方分为“内”和“外”——男家为内，女方为外；婚姻的原则是“利内则福、利外取祸”；其操作的方法是外嫁女儿，内娶媳妇，贵族男子要按照等级确定娶媳妇的数量，在诸妇间分嫡妾等级（嫡妻1名，妾媵不等）。在家庭、生育、立嗣和继承等制度方面，父权家族（庭）把“继祖传嗣”作为婚姻生育的主要目的。所以，不但认定只有生男孩才算有后，而且从原则来讲，要求嫡妻所生长子最有合法的继嗣权。对男女孩子的不同期望和好恶态度使父系时代重男轻女的风俗有了制度的根据。作为家庭角色的妻子，只有生了男孩才能在丈夫的家中确立稳定的地位，甚至还会获得一定的“家庭母权”。

总体来说，周代建立的父权制的性别制度最重要的特点是性别等级的划分——男女间的等级表现为男尊女卑，妇女间的等级既随所“从”的父、夫、子的男人的身份地位而定，也据自己本身获得的身份角色而不同。分工的等级也明显地体现在“公”事“外”事更重要，而“私”事“内”事较不重要上。

(二)父权—夫权制：性别制度的“因”“变”和“经”“权”

从公元前 11 世纪周代贵族建立起男性中心的父权制性别制度以来，直到 19 世纪末，在将近三千年的历史中，性别制度和两性关系的格局，基本上因循了周制；但因中有变，变中有因。在此期间，有三个比较明显的转折：第一，战国秦汉：由血缘贵族的父权制向官僚地主阶级的父权制的转变；第二，魏晋南北朝隋唐：民族融合期父权制受到冲击和整合；第三，宋元明清：父权-夫权制时期。

1. 性别制度的“因”与“变”

从性别制度的“因”看，周礼奠定的父权制性别制度是建立在双重的等级制（阶级的和性别的）基础上的，只要血缘贵族阶级、官僚地主阶级存在，其性别制度是不会根本改变的。如在性别分工方面，就是历代陈陈相因了基本的分工模式——男女公私内外的格局是主流社会所提倡强调的，也是事实上实行的；在婚姻制度上，以男性本位的从夫居制、一夫一妻多妾制一直被上行下效地实行，至少是一种合法的存在；在家族制度方面，父家长制下的父子相承的继承原则也从未动摇，只是遇到“空缺”（无子）的时候，才由非嫡子继位和从同族中过继“儿子”以通融权变，但从来不将女儿的世系和继承考虑在家族制度之内。这一制度对妇女的基本道德规范——贞顺孝柔也没有改变，只是在不同的时期有不同的表现形式和特殊的强调而已。

从性别制度的“变”看，有两种“变”：一是共时的出于制度的内在需要的“权宜”之变，一种是历史的时移境迁显示出来的或隐或显的量变和部分质变。

比如在两性分工方面，“妇无公事”，女子不得干政是不变的原则，但中国历史上出现的唐代武则天称帝，清代慈禧太后把持朝政等事实说明，女子同样可以从政，这就是权变。再如男耕女织是生产分工的基本模式，但“健妇把锄犁”也不只是出现在战争时期，要视需要与习俗而定。宋代以来城市中妇女经营者的普遍，从事色艺娱乐业女性的激增以及明清以降妓业的繁盛和“三姑六婆”的活跃就是与社会历史变化有关。

再如，中国历史上的婚姻关系在两个通婚家族（庭）之间是经过了漫长的调整的，妇女与父家和夫家两个家族（庭）的“距离”发生了历史性的变化。典型的变化轨迹可以从出嫁的妇女与父母家族和丈夫家族的远近亲疏、自我归属感以及外在的规范、甚至强制性的干预等迹象上看出来。如史书记载，春秋时代舍夫救父是受到肯定的，至少不会受到舆论的谴责。而到了宋代，已婚的妇女就把丈夫的家族看成自己真正的和永久的归宿。

从婚姻形态而言，尽管祭祖和继嗣的婚姻目的和从夫居制未变，但从殷周时期在贵族中盛行的异性通婚、媵妾制一直到 1912 年即民国元年颁布的《中华民国临时约法》中明文规定实行一夫一妻制，再到 1950 年 5 月 1 日颁布的《中华人民共和国婚姻法》，我国才真正彻底废除一夫多妻制。我们可以看出，随着婚姻标准的不断变化，婚姻形态也在不断变化。

对妇女道德的规范要求也有了相应的变化。如周代对妇女道德普遍的要求是贞顺柔从，孝的道德是对父母双亲的尊孝；汉代以儿子孝顺父母作为表彰和选举的重要标准。但从元代开始理学上升为主流意识形态之后，对妇女的贞孝节烈的要求越来越严苛，并更向夫家倾斜，元代强调“丈夫死国，妇人死夫，义也”；明代最受推崇的女德是已婚女子为死去的丈夫殉节，到了清代，主流社会提倡寡妇应该守节，并承担丈夫家族的义务。从孝德来看，元明清时期更多地强调妇女对夫家双亲的义务，而孝女不再成为表彰的重心。

2. 性别制度与两性关系的“经”与“权”

所谓“经”，是指性别制度的基本原则和模式决定的价值和权力关系上的尊卑贵贱和婚姻家庭制度上的男性中心的、夫家本位的、父权-夫权至上的礼制习俗。所谓“权”，在这里是指制度本身具有的弹性和空间。“权”的存在不仅大大缓解“经”对妇女压迫的张力，也昭示着中国性别关系的复杂性和本土特色。

这里侧重分析性别制度的“权”的表现。在性别分工的男主“公外”，女主“私内”的原则下，由于家国一体、同构的结构，在权力领域，两千年封建时代不乏以太后、后妃的身份参与“公事”的“女主”，甚至还出现过武则天那样长期执政的女皇。在经济活动中，妇女是主“蚕织”“中馈”的，尽管以户为单位的小农经营在两性劳动分工有地域风俗的差别，但妇女下田从事农业劳动也不少见，至于城市中的妇女经营者，宋代以后更是屡见不鲜。

在家庭角色身份上的“经权”之变更是呈现复杂情状——作为“经”，两性之间存在着支配与服从、主宰与依附、主动与被动等关系，经典性的表述是“三从”“四德”“七出”……但在“权”的一面，它又给妇女相对的生活空间，如“尊母”“孝母”“重妻”“爱女”的机制在父权-夫权制家庭中周流自如，在很大程度上缓解了妇女家庭生活的压力，甚至成为妇女发挥能动性的最大动力。最明显的就是“家庭母权”不但在一定程度上能控制儿子，对儿媳而言，婆婆就是直接的“统治者”。“权”在不同阶级阶层的妇女中被使用的情况也有不同：仕宦家庭中有文化的妻女可以在写作、交游等方面发挥潜能，劳动阶级的妇女有时在礼制的“边缘”受到较少束缚，也因蓬门小户人家的势单力薄特别强调夫妻合作的家庭“整体性”而得到较多的自主和权力。当然，这些都是有前提的。因而当揭示性别制度的“权”的一面的时候，绝不能忽视传统社会性别制度压迫妇女“经”的一面。正如 Marilyn Young 所说：“即使发现和欢呼一个妇女比较自主的领域，也不要看不见妇女所在的更广的等级权力框架；因为任何社会中的妇女的文化都是统治力量方面的控制动力和战略史，是妇女生存、协商、顺应、反对的自我肯定的策略史。”

二、近代以来：中国的现代性与妇女解放

近代以来（1840—），妇女和性别关系的变化既体现中国妇女在国际妇女觉醒运动中走向解放的共性，又有自己独特的延续历史和跨越历的特性。总的趋势是：150 多年中，旧的性别制度遭到进步力量的反对，这是一种历史的交织的合力——男人和女人，政党和国家，个体和组织，不断通过思想启蒙、文化批判、社会改良、阶级革命、民族战争、集体动员、发展计划、运用人性自省、结盟协商等各种手段来校正历史上形成的性别不平等，努力探索一种新的两性合作的伙伴关系。在这个性别关系变革的新旧交替中，显现出性别文化的转换、重建、整合等复杂态势；同时也表现为由少数男女精英呼吁和实践妇女解放到阶级民族的动员，直到妇女群体力量的壮大与觉醒的过程。

（一）解放妇女与伸张女权：民族、阶级与性别关系的复杂态势

1848—1949年，妇女和性别曾几度成为文化思想界论述、政府改革、立法和政党鼓动民众的重要内容。首先是民族生存危机引发启蒙先驱者的摇旗呐喊（维新思想家和五四新文化的启蒙家），随即形成一种社会风潮和运动（维新运动与五四运动），接着是政府的改良或改革（清末的现代化改革和国民政府的现代化改良），不彻底的改良引致新的政治力量的革命，或者民族危机引起战争，从而孕育着新的变革与解放（辛亥革命、国内革命与抗战）。在此过程中，妇女议题得以凸现，一部分妇女作为解放的主体得到成长，传统的性别制度、观念和关系受到质疑、挑战与部分改变。

1. 从“维新”到“革命”：男性精英解放妇女和精英妇女的解放

最初的现代化启蒙运动是从妇女的“放足”“启智”为突破口的。维新人士在“天赋人权”思想启发下提倡“男女平权”。他们把“国家积弱”的主因之一归结为缠足，急切呼吁：欲救国，先救种；欲救种，先去其害种者——缠足恶习。可见维新派受“进化论”和“生物学”影响，将妇女的身体、生育的功能与人种改进、富家富国、强种、繁种、优种联系在一起。“兴女学”也是建立在妇女传统家庭性别角色基础上来论述妇女受教育与强国的关系的，办女学的目的就是要使妇女成为“上可相夫，下可教子，近可宜家，远可善种”的贤妻良母。另外，从强国富国的角度来看，认为女子受教育可以“执业自养”，为社会“生利”而不是“分利”。尽管当时女子教育只是在少数上层妇女中实施，

但孕育和培养了最早的妇女社会活动家、妇女运动的先驱和第一批现代知识女性，也推动了清政府出于“自救”的改革。

新思潮的激荡、女学的启智、女子团体的蔚成风气、女权意识的萌发，使得辛亥革命爆发时，一部分精英妇女积极投入武装起义。而当时国际女权运动进入高潮，受到英国“战斗的参政派”的影响，许多女子参政组织纷纷成立，甚至出现唐群英等人多次请愿、与议员辩论，扭打政界要员要求妇女要有参政权的事件。

2. 渐进的“现代化”和战争中的中断：“女权”的式微与中共领导的“妇女运动”

在“五四”前后，新的思想如马克思主义阶级斗争学说、人文主义、实用主义、女权主义……引进传入并杂糅并存，在提倡妇女解放、猛烈地抨击旧家族制度、改造社会、挽救民族危机方面达成某种共识。新文化运动的领导者（男性）建构了一个“压迫-解放”的论述模式，他们呼唤“人的发现”和“女性的发现”，带着双重焦虑——民族与国家的振兴、自身在婚姻家庭压抑中以求解脱，奔走呼号妇女解放。

20 世纪 20 年代，一代受到新式教育的女性渐渐成为活跃于社会中的一支力量。除了在工厂从业的女工之外，新的职业女性群体在都市中活跃起来，妇女不再是铁板一块的家庭“闺阁”或“青楼”中的两种角色；一些知识女性开始“自我发现”，呼唤“先做人，再做女人”。她们或就业独立谋生，或出国勤工俭学，探索自我发展和救国之路；或在国内继续开展新的女权活动——当时进步知识界是把女权活动视为世界潮流，是中国走向现代化的标志和途径之一，有不少有识之士把“女权”与“人权”并提。经济独立和职业平等也是努力的目标，一些受过教育的知识女性自办学校或实业，同时投入女权运动和社会活动。

尽管参政女权运动伴随着联省自治的退隐而式微，尽管在沿海都市，“文明”与“时髦”在女性身上折射出“现代化”的光怪陆离，同时也招致许多人对妇女解放的误议与反对，但自下而上的运动不但在敦促当局同意某些男女平等的具体倡议中发挥较大作用，也渐进地改变了世风民俗。以 1930 年才出台的《中华民国民法》为例，其中也不乏承认男女平等、婚姻自主等主张，尽管其保留了传统社会性别制度的精髓——夫权至上。

如果说从辛亥时期开始出现独立的解放妇女和妇女为主体的女权运动的话，那么从国共两党在 1927 年第一次合作破裂之后，至少中国共产党领导的妇女运动就不再是独立的争取妇女权利的行动，而被纳入阶级和民族解放的总目标中。但争取妇女解放仍是共产党的主要工作。这种性别之间的“公开利益的一致性”和“隐蔽的紧张关系”，一直是革命队伍中处理性别关系上的棘手的问题。“三座大山”（封建主义、帝国主义、官僚资本主义）是男女共同承受的压迫，而“四条绳索”（政权、族权、夫权、神权）中的两条恰恰是父权-夫权性别制度用来束缚女人的。不只是婚姻关系，革命和家庭角色分工方面也出现了冲突。如大革命时期向警予和蔡和森的龃龉，延安整风时批评那些“重感情”“好高骛远”“幻想做政治家”的知识女性的“弱点”，要求她们“好好照顾革命的丈夫，抚育革命的后代”，都反映了革命队伍中男性主导下的性别紧张关系。

国统区在两党首次合作破裂后，妇女独立组织活动也受到一定限制。直到 1937 年抗战全面爆发，才开始又一次女界救亡行动的联合和对全国妇女的集体动员。但国统区更多是城市、知识界的参与。这时，女权的主张与呼吁被全民族的存亡大局所淹没，性别问题和阶级问题一样暂时退隐在民族问题之下而处于次要位置。

（二）“半边天”和“男女平等”：妇女、国家与社会性别

中华人民共和国成立后，社会主义制度以立法来确立男女平等的原则和保护妇女的权利。与此同时，国家延续革命战争年代的妇女动员，用集体主义和自上而下的发动让妇女从家庭走上社会、生产活动。审视其间的妇女与国家、妇女与男性的关系，究竟在多大程度上改变或因循了传统的社会性别制度和观念，对妇女研究者来说是重要的。

1. 制度建设和立法：平等与差别、保护与歧视

1950 年，我国颁布的第一部重要法律——《婚姻法》沿袭了中共一贯的男女平等的原则，其后制定的《劳动保护条例》（1951），规定了女工与男工享有同样的劳动保护权，并对妇女产前、产后做了特殊保护规定；1953 年 2 月通过的《选举法》规定男女公民都具有选举权和被选举权。特别是 1954 年颁布的第一部《宪法》明确规定妇女在政治的、经济的、文化的、社会的和家庭的生活方面享有同男子平等的权利。

在性别关系方面的制度建设和立法，既是对百年现代化运动中提倡男女平等继承遗产，更是中国共产党领导的动员妇女参与中国革命的题中应有之义和逻辑延续。男女平等立法的真正意义不但使妇女得到事实上的许多好处，更重要的，由于平等立法所营造的社会氛围和意识形态的主流话语渗透（民间和官方语言），无疑为日后的妇女发展以及最终的妇女解放和性别平等提供了意识形态的合法性。

检视 20 世纪 50 年代关于性别的立法，其不足之处为立法粗疏和理想主义，对根深蒂固的父权制缺乏更深入的反省批判，以男性为中心的婚姻家庭制度也未得到彻底改造。

20 世纪 80 年代以来，我国的妇女立法有了更大的进展。1980 年，我国修订《婚姻法》；此后相继出台了《女职工健康保健暂行规定》（1986）和《女职工劳动保护规定》（1988）；1992 年颁布实施《妇女权益保障法》，重申男女平等，并主张保护法律赋予妇女的特殊权力和利益。这一时期立法更多地强调妇女的生理、生育的特点和作为弱势群体的特殊保护，与 20 世纪 50 年代立法更多注重妇女的社会性解放、无性别差异的平等权利有所不同。这些法规、条例的意图和效果是对妇女有利的，但其对女性生理、生育特点的强调本身是以女性有着先天的生理上的不利条件及能力的缺陷这一观念为指导的，从而掩盖了历史上形成的性别不平等制度和观念。

2. 集体动员的社会参与："半边天"和性别分工

20 世纪 50 年代初国家延续了革命时期对妇女的动员，开展了各项建设和政治的运动。其理论逻辑是：无产阶级革命胜利带来妇女的解放，而妇女走出家庭广泛参与社会生产劳动，发展生产力，才能最后实现妇女的真正解放；妇女是一种宝贵的人力资源，发动妇女参与革命和生产是革命利益和妇女利益的结合点。各级妇联贯彻"以发动和组织妇女参加生产为中心的方针"，使过去不事生产的妇女，转为"社会财富的创造者"，因此，要求妇女"提高觉悟，克服依赖男人、不愿劳动"的"落后思想"。有相当多的妇女在集体劳动中获得了从来未有过的自信和成就感。

从宏观角度看，集体化和普遍就业将家庭（族）对妇女的分隔改变为政策性利益的集体分隔——城乡二元分离的格局，使得城乡妇女在两种完全不同的经济体系中活动，呈现出巨大的城乡差异；但性别关系几乎同样是权力关系上的男主女从，报酬上男高女低。从微观角度看，工业化与集体化“打散”了家庭作为生产单位的基础，但消费和维持“再生产”的功能并没有消失，而在性别分工上立法和意识形态的宣传似乎从未对传统的内外分工有过质疑，相反，妇女的家庭角色一直没被“淡化”，甚至自觉不自觉地被强化，加重了妇女双重角色的紧张。

（三）反思“解放”与“平等”：性别文化的重构与多元主体的共处

1. “一性化”与“回归女人”

“文化大革命”沿袭了革命（包括社会主义改造和建设）时期主流政治和意识形态的性别路线，并在“极左”的方向推到极致。有学者将这一时期性别关系的特点概括为“非性化”，准确地说应是“一性化”——即“男性化”。而当改革开放的时代到来，厌倦了清教徒生活和“政治斗争”的男女，希望过世俗的日子时，“回归女人”就成了一种时髦。学界也以批判“非性化”为名，或提出“做女人”、强化“女性意识”的口号，或急于“淡化”“超越”性别。殊不知未经过性别文化反思清理的虚幻的“淡化”“超越”和一厢情愿地“做女人”，恰恰掩盖了长期以来男优女劣文化深层的性别不平等，将性别本质主义和性别等级主义合理化。

2. 国家与市场：在夹缝中扩展空间

随着改革开放的深入，城乡二元结构和计划经济体制的淡化、削弱，国家对妇女“保护”的部分减少。一方面，在男女同时受到体制转轨冲击的情况下，旧的性别关系格局和观念所起的消极作用是妇女首先失业下岗；而另一方面，“市场”这只“看不见的手”也开始出于商业目的进行操作，使妇女成为性剥削、性侵犯、性利用的对象，拐卖妇女、卖淫嫖娼、色情出版物泛滥……一时成为社会热点问题。但与此同时，妇女也得到比以往更多的自我组织、自我实现和选择的机会，如妇女组织的多样和活跃，妇女研究的兴起，妇女流动的频繁，寻求自给、致富之路的自觉性的加强……妇女正在改变以往那种被安排、被塑造，需要“代言”“保护”的被动角色。也正是这个时期，妇女越来越分化成不同的利益群体，根据各自的利益和作为女性的共同体寻找发展的空间。

3. 社会性别意识：性别制度文化的反思与重构

“男女平等”和“社会性别”这两个同是“泊来”的概念，并不是像人们理解得那么不可相容；相反，后者使我们理解不平等的深层根源和解决的策略，不再只以男性为标准，不再是男人、国家“解放”妇女，不再限定于“只有提高生产力”“只有妇女走出家庭参加社会生产劳动”“只有提高妇女自身素质才能以贡献求地位”……男女不平等也不是人们常说的“传统”和“封建残余”在“作怪”，而恰恰是一种观念体系在起作用。对此，需要深层的文化反省和社会性别意识的自觉——在这一方面，今天中国社会基本还处于“失明”“失聪”和“失语”的状态。

主流媒体和社会大众往往对性别（实际是妇女）采取惊人的矛盾的态度——在“姿态”和口号上重视，而在实质上和内心漠视，因而性别盲点无所不在。就拿生育来说，人们很少从性别制度分工、生物学本质的认识论来批判反思：如何站在妇女的角度思考问题制定政策？节制生育难道只有妇女承担主要责任这一条出路吗？国家对生育控制真的意味着父权-夫权家庭控制的削弱吗？再如以“性别划线”的“妇女回家论”不断泛起，也反映出对旧的性别分工制度缺乏起码的反思。当然，更少有从社会性别权力关系、资源配置等角度看待隐蔽而又日益突出的家庭暴力、健康、营养甚至商业性性交易泛滥等问题的。

不过，一种用社会性别视角观察、理解、发声、行动的力量正在壮大，妇联组织和妇女研究学者两种力量的结合，正在试图说清楚文化中的性别议题，也企图诠释什么是真正的解放与平等。妇女不是一个统一的整体，她们有不同的复杂的身份认同，她们有权力和有能力表达自己的利益需求，现代社会应该不断满足这种需求。男女不是二元对立和与生俱来的，而是在漫长的文明发展史中建构的，现在是到了共同磋商获得男女自我解放的时候了。

第五节　社会性别概念在中国的发展及反思

本节主要关注的议题为：Gender（社会性别）概念为什么会在20世纪90年代来到中国？它是如何旅行到中国的？在旅行的过程中，这一概念是如何通过翻译、解释被接受或拒绝的？原因是什么？旅行中遇到哪些问题与挑战？

一、接轨[①]

Gender（社会性别）概念的中国之行，在某种意义来说比feminism（意为女权主义，女性主义）“顺利”得多。虽然20世纪80年代gender（社会性别）概念就已见诸国内个别刊物文字，但当时并没有引起国人的注意。思其原因，能想到的可能有两点，一是当时与外界的交流有限，而这些有限的信息又局限于高校等学术单位懂英语的极少数人之中。二是国内的妇女研究处于起步阶段，如何从传统的妇女解放理论中分离出来是当务之急，而gender（社会性别）理论未成为首选并不足为奇。

1993年，在天津师范大学举办的中国妇女和发展讲习班上，

① 闵冬潮. Gender（社会性别）在中国的旅行片段[J]. 妇女研究论丛，2003（5）：17-23.

这一概念被中华海外妇女研究学会（CSWS）的成员比较集中地介绍过来，并成为讨论的中心之一。自此之后，gender 概念在中国大陆成为一个妇女研究的概念与范畴。特别是在 1995 年召开的世界妇女大会的推动下，gender（社会性别）概念在中国的旅行如同乘上了直通车，迅速得到官方与民间妇女运动的承认与接纳。其中，“接轨”成为 gender（社会性别）概念顺利旅行到中国的关键一环。这一形象的比喻建立在这样一种想象之上——中国长期以来被排斥于国际社会之外，当她回到国际社会之时，应该把自己的“轨道”与国际对接。

在 1995 年召开的世界妇女大会上，一个重要的迹象是 gender 的观点成为讨论的重点，并被引入《北京宣言》和《行动纲领》等重要文件。中国政府在其建议和《北京宣言》中承诺：“作为政府，我们特此通过和承诺执行以下《行动纲领》，确保在我们所有的政策和方案中体现性别观点”。1996 年黄启璪代表妇联在讲话中提出：“将性别观点纳入决策主流”。同年，陈慕华对马克思主义妇女观与 gender（社会性别）的关系做了进一步的解释，提出马克思主义妇女理论就是从性别的观点来分析妇女问题，它的核心是男女平等。这种解释，表示了一种力图把新引进的概念与既有的理论结合在一起的努力，既不割断与既有理论的联系，又要与国际社会接轨。世妇会结束后，妇联很快就在全国范围内掀起了宣传《行动纲领》和《北京宣言》的运动。

如果 gender（社会性别）概念与马克思妇女观没有什么区别，那么为什么需要 gender（社会性别）？对我们来说，它是真正有用还仅仅具有在宣传层面上同国际接轨的需要？带着这些问题，我当时反复读了《妇女研究论丛》和《中国妇女报》上的一些文章。对此，我以李慧英的“将性别意识纳入决策主流的讨论”一文为例，来看当时大家对 gender（社会性别）这一新来的概念有何反响。

李慧英的这篇文章是对在中央党校召集的专题讨论会的报道，与会人员由三部分人组成：全国妇联的领导、妇女研究界的学者、个别政府部委的领导。在讨论中，“性别观点”变为“性别意识”，而“性别意识”又与“性别平等”挂了钩。在讨论会上争论的一个重要问题就是为什么我们需要性别意识？强调的原因如下：第一，在中国缺乏性别意识；第二，男女不平等的现实需要性别意识。大家看到，多年来的“非性化”的传统，形成了性别意识的盲点。例如，当时的全国妇联书记处书记康泠举例：当妇联提到妇女教育的问题时，国家教育委员会的有关人士认为没有必要，因为他们从不反对妇女受教育，男女在教育的权利上一向是平等的。但是，康泠指出：没有歧视妇女的条文，并不等于在实践中能够保证男女平等。与会人员意见一致地认为，应该将性别意识纳入决策主流，并且对如何操作也做了进一步的探讨。

我们不难发现，为什么妇联欢迎这种性别观点或性别意识。因为在飞速发展的社会经济、文化转型期，妇联原有的理论已不能充分地解释实际工作、生活中新出现的这些歧视妇女的问题，一种“失语症”的困扰使她们需要一种新的语言来提出这些问题，又不至于脱离马克思主义妇女理论的框架。正在这时，gender（社会性别）概念乘着 1995 年召开的世界妇女大会的东风旅行到中国，它可以帮助妇联解决它的“失语症”。用一位在妇联工作的朋友的话说就是：妇联抓住了这一有利时机。

接下来的故事可能是：妇联继续把 gender（社会性别）作为一个有用的概念，运用它来“翻译”马克思主义妇女理论并将其发展到一个新的阶段，性别意识比较顺利地纳入了决策主流。然而，我们看到的现实是：中国在 20 世纪 90 年代中期以后已全面进入市场经济时期，市场经济政策唱了主角，推行男女平等的政策变得日益困难。1998 年召开的中国妇女第八次代表大会上没有把 gender（社会性别）写进大会的决议。

当然，另一个现实是：“性别观点”或“性别意识”仍然被广泛使用着。在妇联系统，特别是在妇女/性别与发展的理论与实践中，gender（社会性别）概念得到广泛的应用，其中，外来的发展项目中对性别视角的要求不能不说是个主要的推动力。以云南省妇联系统为例，近年来，在省一级便举办了三次大型的社会性别培训班，四川省妇联目前参与着近 300 个妇女与发展项目，其中大都有对性别视角的要求。“社会性别主流化”已成为接受过社会性别培训或参与过发展项目的地区各级妇联干部的共识和话语。

1995 年召开的世界妇女大会之后的实践表明，与国际接轨的过程，不单是促使中国政府继续推进世妇会上所承诺的性别平等的政策，而且促使“国际性”的妇女/性别问题、议题、通过联合国等各种国际机构在中国得以讨论。以接轨的名义，gender（社会性别）概念得以从上面（联合国）、下面（NGO）、西方（北美，西欧）、东方（韩国、日本、印度）等四面八方来到中国。于是，如何翻译、解释 gender 概念，便成为中国妇女研究中的一个不可回避的重要论题。

二、翻译 gender①

通过翻译研究近年来的发展，人们已经认识到，翻译不是一种“中性”的、透明的过程。一个概念翻译成什么或不翻译成什么，实际上代表了背后的政治、文化、社会的种种含义。因此，翻译在理论旅行中的重要作用是显而易见的。下面，将分别阐述 gender 被翻译成“性别”或“社会性别”的不同主张及背后的原因。

（一）gender——性别

“性别”是汉语中原有的一个词语，用它来翻译 gender，对中国人来说易于理解和接受。从实际接受的情况来看，用“性别”来翻译 gender 的也比比皆是。

李小江主张将 gender 翻译成“性别”，她认为在汉语环境中界定性（sex）和性别（gender）不会有什么麻烦，因为“性是身体的，本原性的；而性别则是一种身份，是由性而生的社会身份。迄今为止，不管我们是否愿意正视，性别身份中的自然性和社会性是同时并存、客观存在的。”她在回顾了 gender 在西方女权主义理论中的发展变化之后，对“性别”在汉语语境中的意义进行了辨析，对“社会性别”的译法提出批评。她认为，“在汉语语境中，原本已将社会的‘差异性’形于字面：‘别’这个字，在汉语中有‘不同’，‘不苟同’和‘拒斥’‘分离’双重含义。涉及人的‘性’，从来说的是‘男女有别’，既有正视和认同‘性’的自然属性的一面，也有顺其自然，人为规范性别差

① 闵冬潮. Gender（社会性别）在中国的旅行片段[J]. 妇女研究论丛，2003（5）：17-23.

异的社会导向作用”。因此，她认为，在汉语中，不需要“社会性别”或“自然性别”这种隐含着对立性质的概念。在中国传统文化中，“性”和“性别”分别用于不同的场合，它们既没有混为一谈，也没有被截然分开。

（二）gender——社会性别

用“社会性别”来翻译 gender 是在 20 世纪 90 年代中期之后普遍出现的。这是个新造的词，显而易见，想造成使人耳目一新的感觉。1997 年，海外学者王政论证了将 gender 翻成社会性别的缘由。她认为，社会性别概念是西方女权主义研究的理论框架，但将社会性别作为一种制度和一种社会关系来认识却是我们可以借鉴的。对比当时对 gender 的翻译，她认为使用的译词不当，例如，“用‘女性意识’来指称 gender consciousness 表达的是我们自己在“文化大革命”后形成的观念，而没能转达 gender 在当代女权主义中的含义。中文的‘性别’二字同样包含了我们自己的文化意义，用‘性别’来指称 gender 不仅对我们的理解造成限制，也会产生概念的混淆”。为了防止旧瓶装新酒的局面出现，王政主张采用“社会性别”来翻译 gender，主要是因为，这是以前从未出现过的两个词的组合，使人不能想当然地以自己的理解去解读，而会产生一个问号：什么是社会性别？这种提问是了解一个新概念的有利前提。

王政所关注的方面主要在如何将西方的理论、概念完整准确地介绍给中文读者。的确，她看到了问题的一面，即将 gender 一词翻成“女性意识”和“性别”，很难找到盖尔·鲁宾和琼·斯科特对 gender 界定的意义。在许多情况下，“性别”似乎变成了分性别观察研究的一种认识。从翻译研究的角度来说，这是个

“不忠实于原文的翻译”（unfaithful translation）。从翻译的过程来看，翻译者总是要追求一种忠实的（faithful）翻译，通过翻译将某一概念在原文中的意义传达到接受者的语言中去，以便使其在不同的语言中起到相同的作用。但是，我们不得不承认的现实是，在翻译的历史上，很多重要的概念从来未能从一种语言准确地翻译成另一种语言。司空见惯的概念如“民主”，被公认为是个在全世界普遍使用的国际化词汇，而在美国民主党、德国社会民主党和英国工党中对其含义的认识是基本不同的。因为，尽管这个概念是国际化的，但在不同语境里会有不同的用法。因此，如何看待“不忠实的翻译”便成为翻译研究、文化研究的重要话题之一。近年来，在女权主义的讨论中也出现了对此问题的关注。有人提出，我们最好把翻译看成是一种不忠实于原文的挪用过程。或许，“不忠实的翻译”问题为我们的思考提供了一个另类的选择，代替那种力图寻找一个准确无误的词来翻译某个概念的努力，我们可以把翻译看作是一个持续不断的过程，在此过程中，可以分析翻译都做了什么，也就是说“我们要翻译的不是这个‘词’，我们必须要了解和学习的，是用另一种方法来理解这个世界上的事物”。

在笔者看来，与其要全力以赴地寻找一个恰当的词来翻译 gender，不如将我们的注意力放在 gender 这个理论概念在中国和世界其他地方的某些特定的历史时期是如何被翻译、界定、解释、应用的。在这一过程中，它会产生某些变化，而这种变化既不会同英语原来的 gender 概念相同，又区别于接受语言一方原有的类似概念，创新便从这里开始了。

三、解释 gender[①]

对 gender 的常见解释有以下几种：

第一，“性别”指的是男女之间的生理区别，“社会性别”是指男女两性在社会文化的建构下形成的性别特征和差异，即社会文化形成的对男女差异的理解，以及在社会文化中形成的属于男性或女性的群体特征和行为方式。

第二，引用琼·斯科特给 gender 的定义：社会性别是基于可见的性别差异之上的社会关系的构成要求，是表示权力关系的一种基本方式。

第三，李慧英认为，“社会性别意识的思想基础是人的主体性，它将主体意识引入性别范畴，确立了女性的主体地位。强调女性主体性，不仅要改变女性对于男性的从属关系，而且要改变女性对于国家的从属关系。”

四、反思 gender 在中国的知识再生产[②]

近年来，有关 gender“社会性别”的话语及成果，一方面体现在应用性方面，比如在国际组织的推动下，发展艾滋病项目中社会性别敏感性与主流化的培训。另一方面，在研究与知识层面上，首先体现在有选择性地介绍、翻译了一批重要的欧美社会性别理论及社会性别方法论，很多前沿的新主张，比如强调性别的

① 闵冬潮. Gender（社会性别）在中国的旅行片段[J]. 妇女研究论丛，2003（5）：17–23.

② 黄盈盈.反思 Gender 在中国的知识再生产[J]. 社会学评论，2013（5）：22–33.

重要性、女性的主体性、知识主体的情感性和知识的情境化等对于中国的学术界来说意义重大；其次是20世纪80年代以来妇女学的兴起及90年代以来以中国社会为情境的本土社会性别研究。后者集中在以下方面：（1）对妇女历史的重构；（2）对造成女性从属地位的以男权为中心的政治与文化根源的探讨；（3）对当代中国妇女地位变化的研究，侧重教育、就业、政治和经济领域中的社会地位，以及家庭地位与劳动分工；（4）对文学作品、传媒中的女性形象被客体化的批判；（5）对某些女性群体的生存状况与权益保障的研究与呼吁，尤其以打工妹人群为重点；（6）对家庭暴力、约会暴力、性骚扰等话题的关注。

这些研究呈现出来的整体特点是：从研究范畴上来说经历了一个从妇女研究到社会性别研究的转变（至少在名称上是这样）；研究视角开始从单一向多样化转变，社会性别与阶层之间的关系受到重视，研究议题也越来越丰富。社会建构理论被更为广泛地运用到研究与实践中来。这些研究，从“社会性别”在中国的学科建设与知识生产的角度来说，具有填补空白的重要意义。

中国整体的社会科学背景的舶来品特点，缺乏性别视角的“无性别”的学界背景以及学术领域的男权意识主导，连同自下而上的社会运动环境的缺失是“社会性别”知识生产的重要语境与情境，也是限制中国“社会性别”理论知识发展的重要外在因素。现阶段中国的“社会性别”知识生产呈现出三个局限性：男女二元性别、无性之性别、唯性别政治。

（一）男女二元性别思维

从研究对象方面来看，社会性别研究的关注对象主要是女性。在女性经验被知识界所忽视的背景下，这种研究取向毫无疑问是正确的。但是用“社会性别研究”替代“妇女研究”的名词上的改变，尽管在认识与知识层面上引进了很多新的理念，却并没有给具体的研究内容与范式带来革命性的变化，除了把男性纳入分析框架之外。不少研究者认为，近 30 年来社会性别领域的知识生产“挑战了二元论”“打破了二元僵化的格局”，但就整体而言，现有的社会性别知识生产反而在强化男女二元对立的思维方式。

首先，现有的社会性别研究对于二元论的挑战主要体现在对于男女两性的本质化理解方面，比如，“男性就该刚强，女性就该柔弱”；“男主外、女主内”等。要动摇两性的刻板印象，指出其社会建构的成分及背后的父权与男权思想。这种挑战，在早期乃至现在是非常必要的，有助于理解中国社会与妇女有关的议题及背后的权力关系。可是，这种挑战还不够，并没有跳出男人和女人的二元分析框架；而且从更为整体的性别制度来看，反而是在强化“性别只有两性”的特点，强化“非男即女”的二元思维。反之，作为 gender 研究领域的重要内容，社会性别多元化的理论与酷儿政治除了在个别译著的研究中有所表述之外，鲜少在中国的具体社会性别研究中得到体现。

实际生活中的跨性别及变性人群（transgender，transsexual）、阴阳人（intersex）的显性化（暂且不论其内部的复杂性），也并没有撼动中国性别研究的“男女两性划分”。实际上，社会性别研究依然是在以男女二分的生理性别为边界来限定自己的研究对象。那些认同自己是女性的男性，或者以女性角色在进行性别活动的生理男性，那些认同自己是男性的女性，或者以男性角色在进行性别活动的生理女性，那些在两性中间摇摆不定的诸多生理的与社会的性别，在中国现有的主流社会性别知识体系里仍然找不到位置。

因此，现有中国社会的社会性别知识生产对于二元思维的挑战出现了很大的局限性，即缺乏性别认同多元化的认识。如果不意识到这种局限性，不对社会性别研究对象的二元生理性别划分进行反思，或者排斥男女之外的任何性别，那么社会性别研究就等于返回到早期的“妇女研究”，且是仅仅关注生理上被归类为女性的“妇女研究”。

（二）无性之性别

从研究内容上看，中国的社会性别研究主要集中在就业、家庭角色等与劳动分工相关的议题上。性别与阶层的关联性得到重视，而且成果最显著。近年来，女性的身体与生殖健康（尤其是外来打工妹）、艾滋病领域的性别分析得到重视。但是，“个人的即是政治的”“我们的身体、我们自己”这样的口号并没有使得中国的女性主义者把视角转向身体情欲与性领域中的女性主体性这样一种更为隐秘却深刻的性别政治。也就是说，中国的女性主义者对于亲密关系、“对人类生活中肉欲的内容没有给予足够的关心”（本雅明语）。

从整体上讲，中国的社会性别研究议题呈现出很强的“忌性”特点，有关肉体、欲望的探讨很大程度上被归为“只有男人才关心”的话题而被放弃甚至被排斥。被涉及的少量性的议题，又一定是以女性被压迫、被剥削作为前提及结语（比如涉及卖淫问题）。其逻辑则必定是性行为与女性身体的物化、对象化及客体化画等号。甚至就连对于女性性器官的了解也被称为“男权视角”。这样一来，西方女权主义与性别研究中“性”的议题、有关性的争论和性对于性别的重要性的讨论，尤其是注重女性性权利与自主权的那派声音（虽然相对来说也是少数，但是其重要性日益彰显），在本土应用的过程中很大程度上被过滤掉了。因此，重新回顾这些被过滤掉的声音，有助于更好地反思中国的社会性别知识生产。

（三）唯性别政治

中国社会的社会性别知识生产，更核心地体现在中文语境中以“父权制”及“性别政治”为核心的分析策略上。Patriarchy（父权制）作为一个概念在社会科学的使用经历了一系列的历史演变，成为第二次激进女性主义浪潮非常重要的“斗争性概念”，具有很强的战略性与政治性意义。尽管表述各异，但是它主要指向一种以父权与夫权为核心的西方封建时代的家庭特征，以及男性控制、压迫、剥削女性的社会结构与社会实践制度。这个概念在女性主义理论的发展历史中也经历了不同的解释、质疑 / 回应及再发展的阶段。Gender politics（性别政治）的概念则更为宽泛，尽管难以找到确切定义，但是通常不仅仅指向简单的“男女不平等”，而是指向更为宽泛的性别关系的权力结构，包括女性内部的权力结构及多元性别的权力论述。可以说，这两个概念以及其产生的社会背景及复杂的理论内涵与变化，是西方 gender 知识生产区别于其他学科知识生产的核心。

可是这两个概念在被应用到中国社会的知识生产的过程中，其历史性与社会情境在很大程度上被忽略掉了，经常被简化为“男女不平等”“男性（制度）压迫女性”，甚至被作为唯一的视角来解释一切社会现象；在各类社会性别培训中则更是如此。笔者把研究及实际应用中呈现出来的这种特点总结为“唯性别政治”。它的表现及其风险首先体现在把“父权制”“性别政治”加以本质化与口号化，而且把生理性别的男女造成了必然的二元对立化和对立唯一化（只有男性压迫女性，再无其他），形成了一种不用分析就已经有结论的危险逻辑，即任何问题，只要是用社会性别视角分析，就一定是因为父权制，一定是由于性别政治（男性压迫女性）。或者反过来，不用男性压迫女性这个意义上的父权制或性别政治的解释框架，就是缺乏社会性别视角。

可是，除了个别社会学研究，大多数有关研究对于怎样的父权制，怎样的性别政治，男性怎样压迫女性，通常没有很好地回答。经常出现的论述诸如：“性别比失衡的根本原因是父权制的三大要素：一是从夫居的婚居制度，二是父子相承的财产继承制度，三是父子相传的姓氏继承制度”；“女性身体在美容整形等一系列‘身体再造’的过程中被对象化，外化为父权制所凝视和规训的对象，不断巩固和再生产着父权制的社会结构”。当笔者用身体理论去分析女性的乳腺癌经历的时候，有女性主义朋友好心地提醒：这不就是个性别政治问题，是男性对女性身体，尤其是乳房的建构!还有，在分析家务分工的性别政治时，大多数论文的分析点与结论依然落在“男主外、女主内”的主要模式以及男女分工方面的变化。此外，大量的女性主义文学评论都是以父权制、性别政治概念来分析文学中的女性形象的对象化与被压迫地位。这类分析的结论早在研究之前就已经被预设；而更为多元、丰富、复杂的“性别政治”的分析，至今在中国学界仍然没有形成气候。

这种结论先行的特点与性别政治的简化应用，削弱了概念的分析力并且带来对于经验材料的忽视，也容易无视社会现象的复杂性及变化，简化性别与其他社会因素的复杂关联。尽管阶层因素在中国的社会性别知识生产（尤其是有关女工的研究）中被逐步纳入进来，社会学界的女性主义研究者也在不断努力加强性别的分析力，但是就整体而言，“父权制”与“性别政治”这两个概念的本土使用依然呈现出很强的去历史化（忽略随着时间变化发生的变化）、去情景化、简单化与先验化的应用特点，它们恰恰是女性主义所提倡的方法论自身所一贯着力批判的。这些特点使得社会性别概念的分析力、说服力、批判力减弱，难以让人信服，客观上存在走向“伪性别政治”的风险。

“唯性别政治”特点的另外一个表现是忽视女性内部的多样性与丰富性，忽视国内社会性别内部的权力关系。其风险是造成有偏颇的主体性与有选择的自主性，甚至压制其他边缘性别人群，而这恰恰也是有悖于社会性别理论所提倡的方法论。

在后现代思潮及后殖民理论的影响之下，gender perspective（性别视角）与 gender politics（性别政治）强调主体的声音与权力关系。因此，男女之间的权力关系、发达国家与第三世界女性之间的权力关系等问题都受到女性主义内部的强烈质疑与抨击。可是，中国社会女性内部的阶层性与多样性，内部的权力关系在社会性别理论的实际本土应用中却经常被忽略。

中国的女性主义研究在看待女性及女性身体方面经历过从关注被动性到关注能动性的转变，呈现出从仅仅关注女性受压迫，到关注女性的自主性与主体性的范式转变。在若干主流的社会性别研究中，比如对于女工的研究，社会底层女性的阶层性与自主性都有所体现。可是，一旦涉及道德色彩浓重的议题，尤其是与性相关的议题，女性主义的忌性特点、道德进步主义与女性的受压迫性就一定会凸显，而其他的可能性在现有性别政治的框架里则都成为不可能。比如在“小姐”（妓女）的议题上，在主流性别政治的框架里，自愿去做“小姐”（妓女）的女性是不可能存在的。因此，卖淫嫖娼一定是对女性的压迫，这是毋庸置疑的，也是不需要调查和分析的。笔者在 1999 年的性工作会议上听到这种主流论述，在 10 余年后的性工作会议上依然听到，除了多了些名词概念，除了强化了阶层因素，会议的结论跟十年前相比几乎没有变化。

虽然女性主义在其他方面有了不少成果与进展，并且有女性主义者开始走上舞台表演“阴道独白”，但是“女性自愿去做小姐”的现象依然超出主流女性主义者的想象范围与理解能力。她们断言“不管是什么样的具体情况，这种自愿一定是男权制度下被迫的自愿”。这样的反娼立场使得女性主义对扫黄过程中出现的针对道德边缘妇女的赤裸裸的暴力熟视无睹，甚至是加固了这种暴力。在这样的主流女性主义看来，如果再加上年龄因素，那么女性的被动性则更是毫无疑问，比如未成年少女与成年男性的性关系，一定是性剥削或者性骚扰关系。在这里，女性主义者自己所主张的“差异性”“主体的声音”哪里去了？“自主性”为什么荡然无存？其实，如何挖掘“自主性”既是方法与研究能力问题，也是态度与价值判断问题。我们无意为任何性骚扰、性剥削开脱，而是提醒必须注意事情的复杂性与多面性，提醒我们分析一下我们所反对的“性骚扰”究竟是谁加以定义的“性骚扰”，提醒我们除了女性，其他性别也同样存在性骚扰的可能性。

第二章

社会性别：从本质论到社会建构论和主体建构论

第一节 现代心理学关于社会性别的本质论假设

本质主义认为每一事物均有其内在的、固定的极其普遍的本质，事物的存在和发展也是由其本质所决定的。根据本质论的观点，“性别生物决定论”，又叫“性别本质决定论”，认为男女两性都具有由生物学因素所决定的不可改变的本质属性。男性应具有男性化特质，例如理性的、精神的、勇猛的、攻击性的；女性应具有女性化特质，例如非理性的、肉体的、温柔的、感性的、母性的、缺乏抽象思维能力的。由此，性别本质决定论相信，生理差异不仅是男性与女性固有的、不可改变的内在本质，而且也决定了两性在社会发展中的地位和所扮演的角色。人们根据两性气质特征，建立起一整套的性别角色规范，并赋予男性和女性不同的社会分工和社会角色。

根据性别本质论的思路，对个体而言，当他/她呱呱落地时，人们便依据他/她的生理特征来判断他/她的性别归属：男性或女性。此后，性别的规范便开始了。他/她必须依据他/她的性别来习得社会所要求的相应的气质和行为角色。人们一般认为，男性好斗、争强好胜、富于冒险和竞争、支配欲强，而女性温顺谦恭、处事温和、服从性强、不善争权夺利；男性有更强的自信心和独立性，而女性往往缺乏自信心和独立性，还常常感情用事。所以，如果一个男人行为举止像女性，他将会被投以异样的眼光；同样，如果一个女人行为举止如男性般，她也会被斥之为“男人婆”。这样，两性就被放入到了一个完全对立的体系之中，有着各自不同的规范。但问题是，这样的规范从一开始就是把女性和男性放在了一个不对等的前提之下。

由此，性别本质论完成了女性“生理低下—社会地位低下”的推理，认为妇女处于从属地位是天经地义的。而要想改变两性的社会角色和地位，就必须先改变两性的生理结构和先天差异。[①]这种本质论观点不仅包含在主流心理学中，而且也存在于传统的女性主义心理学中，主要表现为主流心理学的生物决定论以及女性主义心理动力学理论的文化本质论。[②]

一、生物决定论

长期以来，“社会性别”被传统地假设为一种无须说明的“自然”现象，概念上可以理解为“生理性别”，因此，主流心理学家一直关注的“社会性别差异”的研究，在一定程度上主要是指“生理性别差异”的研究。这些研究基于这样的假设：男性与女性有显著的性别差异，而且，这种性别差异是生物决定的而不是文化决定的现象；性别差异是本质的、普遍的、二元对立的及持久的。这种观点渗透于整个西方传统父权制文化中。从亚里士多

① 雷欣. 社会性别理论探析[D]. 武汉：华中科技大学，2008.

② 郭爱妹. 社会性别：从本质论到社会建构论[J]. 南京师大学报（社会科学版），2003（1）：87-94.

德、阿奎那、培根、笛卡尔，到洛克、罗素等哲学家均将两性看作是二元对立的，这种二元对立建构出了两组相互对立的品格：理性与情感、勇敢与被动、强壮与柔弱、公共与私人等，这些策略性的对立，将男性置于优势地位，而置女性于卑贱、“他者”的地位。

在主流心理学中，生物决定论广泛见于心理分析理论中，强调两性在“核心的自我结构”、自我同一性及关系能力等方面有着本质的差异，且心理结构的性别差异还会导致认知如推理、知识的获得等方面的性别差异。例如，弗洛伊德（Freud，S.）的精神分析理论将男性与男性的生理解剖作为人类的标准，女性与女性的生理解剖被看作是对这个标准的偏离；在他看来，男性优势、女性劣势及人格的形成均是生理结构造成的，“生理即命运”。荣格（Jung，C.）的阿妮玛（anima）和阿妮姆斯（animus）[①]形象将男性化与女性化看作是对立的。艾里克森（Erikson，E. H.）将女性同一性看作是“内在空间”，一种“从生理、心理及伦理上照顾人类婴孩的肉体的设计”；而男性同一性则与“外在空间”联系在一起，主要涉及侵犯、兴奋与道德，导致成就、政治优势及冒险。在拉康（Lacan，J.）的后结构主义看来，女性“外在于”语言、公众话语、文化与法律，女性的界定不是根据女性实质上是什么，而是根据女性缺少男性生殖器这一主要的标志。所有这些理论均强调两性之间的性别差异，将女性经验看作是对男

① 在分析心理学理论中，阿尼玛（anima）由瑞士心理学家荣格首次发现并命名，一般指男人心目中的女性形象。而阿尼姆斯（animus）则为女子心目中的男性形象。

性经验的偏离，而性别差异的形成是由生理性别决定的。

帕森斯的性别角色理论也是本质主义的。他认为，性别角色是固定的和二分的，因而也是分离的和彼此对立的。“孩子的出生与早期养育，建立起一种很强的假设，即母亲与孩童的关系是首要性的，而这又进而建立起另一种假设，即男人因为无须承担这些生物功能，理当专门致力于另一个工具性的方向。”因而，男性是工具倾向的，女性是表达倾向的，也就是说，男性是任务倾向的，女性是情感与关系倾向的。帕森斯的性别角色理论为区分男性与女性的活动领域提供了“科学的”基础，男性的本质适合于公共领域，女性的本质适合于私人领域；他相信，男性与女性领域的划分有利于减少家庭中的竞争与冲突，从而促进两性和谐发展。

二、文化本质论

文化本质论主要体现在文化女性主义者乔多萝（Chodorow，N.）、吉利根（Gilligan，C.）等人的女性主义心理动力学理论中。作为女性主义立场认识论，文化女性主义是女性主义的激进派，它强调女性文化，强调女性的独特经验及女性内在经验的丰富性，褒扬女性的独特品质，主张“女性是优越的”。

文化本质论强调，从本质上来说，女性的关系倾向与男性的自主倾向，来源于两性不同的早期经验。在乔多萝看来，性别差异的根源不在于生物学的区别，而在于早期生活所受到的抚育教养之性质。男女早期生活的社会环境不同，各自的感受自然不同，女性化人格比男性化人格更情绪化、更注重人际关系。由此，她认为，男孩性别意识的确立是一个与母亲相对照的否定性过程，而女孩的性别意识的确立则是一个不断与母亲认同的过程。这就是说，女孩的早期经验强调与母亲的相似性与亲近行为，而男孩强调与母亲的差异、分离与独立，这些经验导致了两性在成年时期的认同、人格结构及与心理需要之间的显著差异。

吉利根则批判了弗洛伊德、埃里克森、皮亚杰及柯尔伯格等人关于道德发生发展理论，并在倾听女性的不同的声音的基础上建构了关于女性道德发展的理论。她认为，第一，女性在道德发展上的不同并不等于发展上的失败；第二，女性道德发展不足的观点是以男性为标准得出的结论；第三，与女性经验联系在一起的“关系”和“联系”在道德发展中拥有特别重要的意义。在她看来，男女两性的道德差异来源于幼年时代与父母的不同对象关系。在幼年期男孩意识到自己与母亲的性别差异后，由于不愿意为了母亲而冒犯父亲便与母亲分离开来，意识到权力和威望是男性的特征并对此认同；而女孩的性别和自我意识是对母亲的认同，保持了对母亲的依恋，她们更关心自己的关系，在关系中认同自我。总之，文化本质主义强调，两性之间确实存在着很大的性别差异，这种差异来源于婴儿与童年时期的经验——即母亲与婴儿之间的关系及父亲在早期亲子关系中的相对缺失。

第二节　对社会性别本质论的批判性质疑

女性主义心理学的社会建构论对上述传统心理学中的本质论观点，尤其是女性主义心理学的文化本质论观点进行了质疑与批判。正如女性主义心理学家波恩（Bohan，J. S.）所指出的："虽然文化本质论在肯定女性经验方面是值得称赞的，但同时也使女性主义心理学面临着理论、经验及政治方面的困境。"

一、本质论的普适性问题

波恩对文化本质论的普适性提出了质疑，"当我们说女性的思维、道德判断或关系不同于男性时，我们指的是哪一个女性？"文化本质论有一个基本前提，就是假定存在一个具有普遍意义的"女性"这个范畴，她们享有一套共同的经验，这些共同的女性经验不是来自她们作为女性的共同的生理事实，而是来自她们作为社会中男性的"他者"受压迫的共同经历。然而正是女性经验作为女性主义心理学研究的基础和女性主义心理学知识的来源受到了社会建构论者的质疑。她们认为，文化本质论中的所谓"共同的女性经验"，实质上指的是中产阶级白人异性恋妇女的经验，因而以此为依据建构的女性主义心理学并不具有普遍性，因为它忽视、否认或歪曲地理解处在最边缘的"他者"女性的经验。因此，她们质疑：由于女性的年龄、阶级、种族、民族的不同，普遍化的女性立场能否存在？一个女性能否合法地研究或论述立场与她不同的女性？这些都是社会建构论者所关注的问题。实际上，文化本质论对普适性的追求实质上无法表征女性经验的多元性。

另外，社会建构论也对生物本质论进行了批判，认为生理性别只是形成女性经验的维度之一，单纯从生理性别的角度来界定女性经验，实质上是同类化所有的女性，并提供了多维现实的一维图景。社会建构论者布尔特（Bulter，J.）指出："要认识到强制地将女性描绘为同一阶级与无区别范畴的后果，它会使人们忽视年龄、阶级、种族、民族等社会情境因素对女性的影响。""女性化"其实不是女性的本质，不是无限的和普遍的，而是社会的、历史的、政治的及情境的建构物。

二、本质论的性别政治问题

波恩指出："如果女性的关系倾向是压迫的产物，那么当我们赞美这种关系倾向时，我们是否在使造成关系倾向的压迫趋于合法化呢？"尽管我们赞扬与女性相关的品质，希望女性拥有，也鼓励男性拥有，但政治的经验及系统的研究都表明这种关系倾向并不是社会文化所推崇的品质，因此，文化本质论会使我们不经意地回到传统对社会性别的理解——女性是有缺陷的人。社会建构论者对这种本质论观点进行了批判，认为社会性别植根于情境，而不是个体内部，承认权力在社会性别建构中的作用，因此，它关注的焦点就从个体转移到情境，使女性处于受压迫地位的权力问题也就引起了人们的关注。

此外，女性的认知与生存方式的本质化还会使女性与男性均陷入传统的性别角色，在一定程度上限定了男性的抚育行为发展的可能性，同时也使不具有传统女性特质的女性处于更加边缘化的地位。因为，当我们肯定女性的认知、关系或道德判断的方式时，实际上意味着女性不可以具有男性化的行为方式。社会建构论者则通过重新界定社会性别来重新阐释女性的行为方式问题，认为没有女性的方式，只有我们约定俗成的理解社会性别的模式。

三、本质论的男性中心主义问题

20 世纪初，女性主义心理学家乌利（Woolley，H.T.）对当时心理学中性别差异研究所存在的男性中心主义偏见进行了批评和揭露，并斥之为胡扯。在她看来，心理学中的性别差异研究，实际上是在使男性中心主义偏见合法化。女性主义心理学家霍利沃斯（Hollingworth，L.）也指出：性别差异研究除了心理学家们强调差异的努力之外，没有任何有意义的结果，而且这种研究将性别分割为“调适良好的男性”与“调适不良的女性”两大范畴。

1968 年，女性主义心理学威斯坦（Weisstein，N.）也以一枚女性主义的炮弹，对心理学实验室与诊室中的男性中心主义进行了批判。在她看来，心理学中关于女性心理的描述最重要的是要适合她们的婚姻与母亲的角色，是女性真正的内在的本质，但实质上这些观点是在缺乏事实的情况下建构的，并且反映了传统性别角色定型，因此，心理学只是充当了维持传统性别角色观念的伪科学的支持者。社会建构论者哈里-马丁（Hare-Mustin，R.）

和麦里克（Marecek，J.）批判了现代心理学对于社会性别的研究，认为现代心理学习惯于将“社会性别”建构为“差异的社会性别”，或夸大性别差异，或忽视性别差异；而这种作为差异的社会性别的建构实质上反映了现代心理学的男性中心主义偏见，因为它维持了以男性为标准来看待女性——与男性标准相似或差异的观点，因此，她们指出：“作为差异的社会性别的建构实质上在花言巧语的性别差异的伪装下模糊了权力与压迫的问题。”

四、本质论的方法论问题

社会建构论对生物本质论的“价值中立”与“去情境化”的方法论进行了批判。按照“价值中立”与“去情境化”的观点，心理学研究是一种“事实”的客观探讨，没有掺杂任何主观的价值因素；心理学的任务是发现不受任何文化历史影响的、一般的、抽象的和普遍的心理机制，这种倾向导致了心理学家拒绝考虑任何社会历史文化因素的影响，并排斥任何价值观和哲学信念的指导，从而使心理学家在解释意识和行为时把眼光局限在个体的内部或直接的环境刺激上，导致个体主义和还原论在心理学中的泛滥。

社会建构论者凯恩（Kahn，A）与约德（Yoder J.）批判了心理学中的个体主义和还原论倾向，并指出：心理学中的个体主义使我们倾向于脱离历史或情境的独特性而对行为做出解释，因而，心理学研究往往将女性作为一种同类的和非历史的范畴，忽视多样性的女性与女性经验的历史变迁。这种倾向也导致心理学家在解释性别差异时，往往将个体行为所表现出的性别差异归结为个体内部的、先天的生物学因素，隔断了女性与社会历史情境之间的联系。因此，在社会建构论者看来，科学知识不可能是价值中立或政治中立的，生物本质论所主张的“价值中立”与“去情境化”实质上是男性中心主义价值观在心理学中的体现，目的是为父权制文化的统治提供“科学的”解释。[①]

除了上述哲学上的质疑，女性主义者也通过科学研究来论证了性别本质主义的错误。[②]女性主义者借助于科学研究发现：性别并非仅仅是非男即女那样简单，不同的社会中有不同的性别界定，不同的文化赋予了相同的生理学现象以不同的意义。

美国著名人类学家玛格丽特·米德（Maggert Meed）于 20 世纪 30 年代通过对新几内亚三个部落所做的考察和研究，给了女性主义一幅完全不同的图景。米德发现，阿拉佩什部落人在性格上并不存在性别差异，男人和女人的行为都像现在人们想象中的女性的行为，都具备文雅、有教养、有责任感、互助以及乐于自我牺牲这样一些个性特征；蒙杜古玛部落中的男人和女人的行为则像人们想象中男性的行为，包括妇女在内的每一个人都被要求成为进攻型的人，憎恨、猜疑是他们的主要性格特征；而德昌布利部落中男人们的行为就像人们想象的女性那样——敏感、脆弱、爱美，女人却像男性一样——勇敢、独立。在其著作《三个原始部落的性别与气质》中，她说道，“我丝毫不怀疑，我们所谓的那些先天的性别气质只不过是人类气质的不同变异。因此，无论哪种单一的性别或男女不同的性别，均可以通过训练而使其成员变为在气质上大致相近的人”，“性别之间标准化了的人格差异也是由文化‘监制’的。每一代男性或女性都要在文化机制

① 郭爱妹. 社会性别：从本质论到社会建构论[J]. 南京师范大学学报（社会科学版），2003（1）：87-94.
② 雷欣. 社会性别理论探析[D]. 武汉：华中科技大学，2008.

的作用下，适应他们所处的社会文化环境”。[①]

心理学家桑德拉·贝姆对得克萨斯州大学 75 名学生进行了心理测试，以测定他们的气质类型。结果显示：33%的人具有男女双性化气质，14%的女生和 34%的男生具有男性化气质，35%的女生和 5%的男生具有女性化气质，28%的女生和 25%的男生具有非男非女的气质。

显然，男女间的区分并不是绝对的、必然的，也并非是仅仅由生理原因造成的。在不同的文化环境与背景中，男人和女人有自己各不同的存在方式。当“男人”和“女人”作为“符号”被使用时，它所指的实体具有一定的多样性。性别的内涵远比生理学意义上的性别的区别要复杂得多。据此，西方女性主义学者认为，“性别”概念负载了太多社会文化的烙印，远非生理本质决定论所认为的那样简单。

在对传统性别论的批判方面，法国女性哲学家西蒙娜·德·波伏娃（Simone de Beauovir）做出了突出的贡献。她通过对“永恒的女人气质”的讨论，对以弗洛伊德为代表的精神分析学的“性一元论”提出了尖锐批判。她说：“生物学不可能回答我们的这个问题：为什么女人是他者？”[②]她用大量文字和丰富证据证明了生物决定论的谬误。对传统性别论的批判为社会性别理论的提出奠定了基础：两性差异并不是由两性在生理上的差异决定的。

---

① 玛格丽特·米德. 三个原始部落的性别与气质[M]. 宋践，等译. 杭州：浙江人民出版社，1988：226-227.

② 西蒙娜·德·波伏娃. 第二性[M]. 陶铁柱，译. 北京：中国书籍出版社，1998：40.

第三节　社会性别建构论及其对于心理学的意义

社会建构论否定本质的、固定的或普遍的说法，强调每个人的社会、文化和历史背景的特殊性。社会建构论的基本假设包括：（1）人们不可能理解现实或真理的本质；（2）现实是被建构的而不是被发现的；（3）现实与社会情境是相互影响的；（4）知识是在社会交换中通过话语建构的；（5）我们所认同的现实是相互建构与相互认同的。根据社会建构论的观点，女性主义心理学的社会性别建构论认为，社会性别不是个体的内在特质，而是由人们之间的相互作用、语言及特定文化的话语所建构的。社会建构论者亨德森（Henderson，K. A.）指出："社会性别的意义是由社会建构的，我们中的每一分子均被纳入这种建构，因此，社会性别是指一系列社会建构的关系，它产生及并再现于人们的行动中。"社会性别是社会建构的产物，社会性别化的行为不是由生理性别，而是由个体的社会地位所塑造的。正是在这个意义上，社会建构论者威斯特（West，C.）等人指出："人不是拥有性别，而是塑造性别。"

大量的研究均证明了社会性别建构论的观点。如亨利（Henley，N.）对非言语交往的研究表明，处于权力地位的女性常以所谓“男性化”的方式对待下属；梅杰（Major，B.）的研究也表明，在职业中处于相同地位的男性与女性，表现出了相似的工作价值与行为；让娜（Zanna，M.）和帕克（Pack，S.）的研究表明，女性与持传统性别角色态度的男性交往比与持自由开放的性别角色态度的男性交往时，表现出更多的传统的性别特征。社会建构论者哈里-马丁等人研究也表明，优势群体强调规则、原则、控制及理性，劣势群体则强调关系与同情。因此，在夫妻冲突中，丈夫强调是规则和逻辑，而妻子强调的是关心；同样，在亲子冲突中，父母强调的是规则，而孩子强调的是同情与理解。以上所有研究均表明，行为并不是由行为者的生理性别所决定，而是由个体的权力与社会地位所决定的。

当代女性主义心理学对于社会性别的理解从本质论向社会建构论的转变，对于心理学的理论与实践有着十分重要的意义。女性主义心理学家洛特（Lott，B.）指出：“女性主义心理学将社会性别视为具有社会的、政治的和个人的倾向的文化建构，这种观点对心理学学科的重构有着非常深刻的影响。”主要表现在以下几个方面。

一、社会性别建构论有利于打破心理学的保守主义倾向，促使心理学家关注社会情境对人类行为的影响

在社会建构论者看来，尽管心理学旨在通过社会的变革来提高女性地位，但这一目标很少能实现。因为，传统心理学关于社会性别的理论与研究主要关注性别差异及女性的人格特征，而不是压迫女性的社会系统，这种研究只能起到维持社会现状的作用。正如心理学家帕里坦斯基（Prilleltensky，I.）所指出的，

心理学作为一门价值中立的科学，不仅没有能够推动社会的进步，反而在维持社会现状中起着至关重要的作用。在他看来，心理学通过认可与反映优势群体的社会价值，以价值中立的科学说教传播着这些价值观，描绘了一种个人脱离于其社会历史情境的人类的非社会的图景，心理学成为维持社会现状的工具。因此，尽管心理学家一直在努力促进社会的发展，但事实上，他们经常充当着阻碍社会变革的保守势力。

在社会性别建构论看来，本质论所主张的“差异的社会性别”的建构从来不是价值中立与政治中立的，包含着一定的文化意义。与本质论不同的是，社会性别建构论并不关注各种社会性别表征的正确性与否，取而代之，它关注各种社会性别表征的效用（utility）或结果，也就是说，社会性别表征如何为心理学理论与实践提供意义与符号？社会性别表征强调或忽视性别差异的结果又是什么？

将社会性别看作是一种社会的建构物，有利于打破心理学的保守主义倾向，促使心理学家关注“差异的社会性别”的建构中所隐含的文化意义。

第一，“差异的社会性别”的建构掩盖了两性之间不平等与对立的根源，导致受害者也受到谴责。本质论强调男性化与女性化是男性与女性的内在本质，女性常常被看作是有缺陷的，这会导致对女性的谴责。如心理学常常将女性缺乏成就归因为女性的成就动机弱、对成功的极度恐惧、缺乏自信及生育孩子的欲望等，这种解释将女性缺乏成就看作是女性自身不努力的结果，而忽视了女性的经济状况、社会地位等社会政治历史情境对女性成就的影响。

第二，“差异的社会性别”的建构将女性的特质看作是普遍的和永恒的，而不是社会、历史、政治的建构物，因而忽视了女性经验的多元性，从而导致了对有色及边缘女性的排斥与轻视。

第三，“差异的社会性别”的建构表明，性别差异是永恒不变的与二元对立的，而任何试图提高女性地位的努力均是无效的。因此，社会性别建构论关注历史文化因素在社会性别建构中的作用，认为所有关于社会性别的心理学研究均是基于特定情境的。为此，她们反对价值中立论，关注研究关系中的权力与表征问题：在研究中谁拥有权力？权力是如何被利用？表征谁的现实？谁又能从研究中获得什么？谁拥有研究结果？这种对社会性别建构中的话语、权力、价值的关注有利于促使心理学家充分认识到情境的价值与心理学研究价值负荷的特性，考察为社会所广泛接受的传统性别模式与行为的社会信仰系统，关注历史与文化因素对社会性别的建构的复杂的交互影响。

二、社会性别建构论有利于摆脱本质论所面临的困境，促进心理学的后现代转向

社会建构论者波恩认为，本质论存在着五个方面的困境：（1）本质论对普适性的追求无法表征女性经验的多元化；（2）本质论声称女性特征是压抑的产物所带来的政治上的困境，它会使父权制社会对女性的压迫合法化；（3）本质论将社会性别仅仅看作是个体人格结构的一个方面，而不是塑造她们生活的社会系统的反映，因此，注重从个体出发采取行动以改变女性的命运，而不是努力改变整个社会系统；（4）女性的认知与生存

方式的本质化使女性与男性均陷入了传统的性别角色定型；（5）本质论所主张的性别差异缺乏足够的经验论证，许多研究存在着方法论问题、理论的不一致性等。

而社会性别建构论将社会性别视作是一种社会的建构，有利于摆脱本质论所面临的困境。

第一，社会建构论包容女性经验的多元性，并将情境作为多元性的不可分割的组成部分，强调在社会情境中理解社会性别，认为应将女性的压迫放在具体的社会政治历史情境中，考察权力与优势是如何使女性处于屈从地位的，承认权力在社会性别建构中的作用，这样可以避免受害者谴责倾向。

第二，社会建构论能使女性/男性从传统的性别角色定型的女性化/男性化中解放出来，简单化的关于性别差异的本质论观点被更加复杂、有趣的关于社会情境的对话所代替。这样，当我们研究社会性别化的行为时，这有助于理解与社会性别相关的社会地位、优势与劣势以及权力的作用。

第三，在社会性别建构论者看来，不同的历史时期和不同的文化环境必然产生不同的社会性别的建构，因此，应将对女性的理解放置在具体的政治框架中，应将“硬问题”如种族、阶级、民族、性别、同性恋等与心理学对女性的理解融为一体。

总之，社会性别建构论否定本质的、固定的或普遍的概念，试图寻求一种多样性，强调每个人的社会、文化和历史背景的特殊性；并将社会性别作为研究和分析问题的范式，不仅重视女性的地位、价值、体验和利益，而且以社会性别视角透视所有的心理学理论和实践问题，试图为解决这些问题提供新思路和新方法，反映了在社会建构论的影响下女性主义心理学在研究取向上的后现代转向。社会性别建构论促进了心理学的研究方法、研究对象及未来努力方向的后现代转向，对心理学的发展正产生着很大的影响。

三、社会性别建构论倡导多元思维方式，使主流心理学界公认应采取多种研究方法以增加研究结论的效度

社会性别建构论认为，女性经验是多元的，心理学应研究女性经验的多元现实。它不仅关注社会性别之间的差异，而且关注女性的社会地位、种族、阶级、文化的差异。社会建构论者洛特（B. Lott）指出：“将社会性别理解为一种社会的建构意味着应从根本上将社会性别与民族、种族、阶级、性取向、年龄等结合起来考察女性的多元经验，这是女性主义心理学最根本的观点。”“如果女性主义心理学不是为所有女性的心理学，那么，它不是真正的女性主义，也不是真正的心理学。”因此，突出差异和多元是社会性别建构论的一个重要特点，并把差异性和多元性看作是女性主义心理学丰富性和生命力的标志。在社会性别建构论的影响下，在过去的 10 多年中，心理学，尤其是女性主义心理学开始关注文化的多元性，并试图将文化的多元性整合进女性主义心理学研究的主流。

既然女性经验是多元的，因此，要了解女性生活的多元现实，就应采取包括实验法在内的多元的研究方法。但在运用这些方法时，研究者必须认识到每种方法的价值假设、优势以及局限性。社会建构论者佩皮劳（Peplau，L.）和康拉德（Conrad E.）指出，给任何研究方法标以女性主义方法的标签是无效的和不合逻辑的。相反，只要研究者遵循两个原则，即（1）知识主张与研

究结果从来都不是完全价值中立或客观的；（2）社会性别意义的形成受政治、社会及历史等因素的影响，那么，“所有的方法都可以成为女性主义方法”。因为所有研究方法，包括质的分析与量的分析，均可用来研究“真理”和现实是如何被社会建构的，如何受权力关系影响的；每一种方法均能提供有益的但也有限的关于女性多元性现实的观点。

这种多元方法论使后现代女性主义心理学能够包容复杂性与矛盾性，超越父权制与性别关系的简单的决定论，为系统认识女性生活的多重真理提供了一个有益的分析框架。正是由于社会性别建构论所倡导研究方法的多元化，才使如今主流心理学界公认应采取多种研究方法以增加研究结论的效度。

第四节　多元社会性别

根据不同的视角，人的性别可以从六个不同的层次进行划分，它们分别是基因性别、染色体性别、性腺性别、生殖器性别、心理性别和社会性别。基因性别、染色体性别、性腺性别和生殖器性别都与人的生物性有关，可以统称为“生理性别”。

一、生理性别（Sex）

生理性别指的是男女在生物学或解剖学意义上的差异。这是一种与生俱来的属性。一个人生来或是男性，或是女性。当然，也存在例外的情况，比如双性人，但这种情况比较稀少。生理性别的判定，有几种不同的层次：基因性别、染色体性别、性腺性别与生殖器性别。20 世纪 70 年代以前，生理性别的判断主要依据人体解剖的结果。1968 年，染色体的测量结果开始取代传统的判断性别的方式。通过染色体辨别男女，与“奥林匹克纷争日”有着密切联系。1964 年东京奥运会上，波兰女运动员爱娃克罗夺得多项田径奖牌，但是在三年后，她被查出染色体与其性别不符。在这之后的历届奥运会开始通过测量染色体辨别运动员的性别。在很长一段时间内，“性别的生物决定论”或者说“生理决定论”盛行。人们普遍认为，男女两性的不同角色和地位，正是由于男女两性天然的生理性别差异造成的，男性在体格等方面明显的优于女性；生理性别的差异，决定了两性不同的命运。[①]

二、心理性别（Psychological Sex）

（一）心理性别的概念

1936年，Terraan和Miles提出了一对具有普遍意义的相对立的人格特征词——“男性化”和“女性化”，用来描绘社会中男性与女性所拥有的相对稳定的行为倾向性。

1973年，Constantinople对有关性别角色的研究进行综述，并给性别角色下了一个理论定义：性别角色多多少少根植于解剖学、生理学和早期经历之中，并在外貌、态度及行为上将两性分开来的那些相对稳定的特质。

1985年，Spence在综合多位学者研究的基础上，提出性别角色是“社会认定为适合于男性和女性的性格、态度、价值观念和行为”。从定义中，我们可以看出，Constantinople所下定义更多的是从生理学角度出发，而Spence的定义则更多的是从心理学角度来阐述性别角色。

Pleck以社会学习理论为基础，将性别角色定义为个体在社会化过程中通过模仿学习获得的一套与自己性别相适应的行为规范。国内学者钱铭怡等人也持此观点。

Gilbert则更强调社会结构的作用，认为性别角色是存在于特定历史或文化情境中的对两性分工的规范性期望和社会互动中与性别相关的规则。

---

① 陈姗. 社会性别与教育[D]. 福州：福建师范大学，2014.

在心理学百科全书中，性别角色指的是社会按照人的性别分配给人的社会行为模式。生理性别是由遗传决定的。然而，男性和女性在家庭生活和社会活动所扮演的角色，则是从儿童时期接受成人影响、教育的结果。事实上，个体从一降生，就因性别不同而受到不同的教育。在不同的文化中，个性和社会特征总是依附于性别对特定的性别赋予某些特征，这种现象不是生物学上的男性或女性的遗传结果，而是传统习惯造成的。不同的社会文化，规定着人们扮演何种角色，包括与这些角色相关的义务和权力。

在林传鼎、张厚粲等人主编的《心理学词典》中，“性别角色”又称“性别作用”。由于人的性别差异所带来的不同的心理特点或行为模式，男性跟女性在神态、姿势、声调、举止等方面有着不同特点。社会文化总要求男性与女性扮演不同角色，比如，女孩子要表现得像女孩子，成年男子不能有“娘娘腔”。性别角色由先天与后天习得因素构成。因此，不同的社会有不同的性别角色模式。①

心理性别是由社会文化的性别角色来定义的，包括性别定位，性别认同知觉和性别扮演。心理性别研究的先驱 Sandra Lipsitz Bem 认为生物学上的性别区分是存在局限性的，性别还有心理的层次，性别不是非此即彼的单一纬度，而应该是男性和女性两个相互独立的纬度。Bem 根据人们在男性心理特质和女性心理特质上的得分分布，把心理性别分为心理性别男性、心理性别女性、心理性别双性化和心理性别未分化四种类型。心理性别

① 张玉洁.心理性别对大学生嫉妒性别差异的影响研究[D]. 信阳：信阳师范学院，2012.

男性是指在男性心理特质得分高而女性心理特质得分低的类别，心理女性是指在女性特质上得分高而男性心理特质上得分低的类别，心理双性化是指在男性特质和女性特质上的得分都高的类别，而生理性别未分化是指在男性特质和女性特质上得分都低的类别。①

（二）心理性别的一些研究

心理性别的早期研究基于两种假设：第一，假定男性化特质和女性化特质位于单一维度的两极，二者被认为是对立的；第二，假定拥有男性化特质的男性和拥有女性化特质的女性心理最健康，而过多地表现出女性特质的男性和过多表现出男性特质的女性被认为存在心理问题和适应问题。

20 世纪 70 年代，轰轰烈烈的女权主义运动向传统的性别角色模式发起了挑战。女权主义者批评这种模式只会阻碍个体和社会的健康发展。支持女权运动的心理学家（尤其是女性学者）纷纷开展对新的性别角色模式——双性化（Androgyny）的研究。性别角色双性化成为社会心理学领域的重要课题之一。双性化理论模式认为：第一，男性化特质和女性化特质不是位于单一维度的两极，而是相对独立的特质；第二，与其他类型的个体相比，双性化个体具有更好的灵活性与适应性。②

心理性别的研究表明：心理性别对人们的社会适应、性别取向、职业倾向、态度评价、兴趣爱好和信息加工策略都存在广泛

① 符健春. 心理性别对人脸认知加工的影响研究[D]. 杭州：浙江大学，2005.

② 张玉洁.心理性别对大学生嫉妒性别差异的影响研究[D]. 信阳：信阳师范学院，2012.

的影响，但是这些影响和差异可以归结到心理性别不同，兴趣爱好和注意的焦点也不同上来。[①]

三、社会性别（Gender）

1876 年出版的《法语辞典》对“社会性别”的解释为：“这是一种类别，或指男性，或指女性，有时暗指男性，但不带感情色彩。”[②]1992 年出版的第三版《美国传统英语辞典》是这样来界定“社会性别”一词的用法：gender 这个单词，传统上主要用来指语法上的“男性”“女性”和“中性”的概念；但是近几年来，这个词在用来指以性别为基础的范畴时，已被广泛接受，譬如社会性别的鸿沟和社会性别的政治。这种用法得到很多人类学家的支持，他们用 sex 这个单词来指生理范畴，而用 gender 这个单词来指社会或文化范畴。[③]很显然，社会性别是一种社会标签，是一个带有心理学意义和文化意义的概念，用这个标签或概念可以说明文化是如何赋予每一种性别独有的特征的，同时也可以说明个体又是如何使自己具备与自身性别相吻合的特质的。[④]

20 世纪 70 年代的美国女权主义者们确立了性别与社会性别之间的区别。到 80 年代初期，随着女权运动的不断发展，历史

---

① 符健春. 心理性别对人脸认知加工的影响研究[D]. 杭州：浙江大学，2005.

② 琼·斯科特，性别：历史分析中一个有效范畴[M]//李银河. 妇女：最漫长的革命. 北京：生活·读书·新知三联书店，1997.

③ 琼·斯科特，对社会性别和政治的进一步思考[M]//钟雪萍，劳拉·罗斯克. 越界的挑战：跨学科女性主义研究. 上海：上海社会科学院出版社，2003.

④ 苏红. 多重视角下的社会性别[M].上海：上海大学出版社，2004：2.

学家、社会学家也开始逐渐注意到两者之间的差异。许多学者已经认识到，造成性别不平等的因素，主要的不是在于男女生理上的差异，而是在于社会文化上的差异。这种对社会性别的理解在今天已经使许多不同领域的学者自觉地将“社会性别”作为与“阶层”“种族”同等重要的分析范畴和分析工具。[①]

通俗地讲，任何社会中都存在着一整套有关男人该怎样行为和女人该怎样行为的观念和规范，具体表现为一整套有关两性行为的期待和社会角色。社会性别正是表达了由语言、交流、符号和教育等文化因素构成的判断性别的社会标准。由此可见，社会性别是一种“文化构成”，它表明社会早就有了男女不同的角色分工，社会性别是强加于某一男性或女性身上的一个社会规范。同时，它还强调了在社会生活中，男女角色定位的重要性，是什么角色就要表现出社会赋予该角色的行为。

具体来讲，社会性别具有以下几点含义：[②]

第一，社会性别与性别互相嵌入。虽然性别强调的是生理上的自然属性，而社会性别注重的是社会性或文化上的差异，但是社会性别无法代替性别，它必须以性别作为分析的基础。使用社会性别的概念不是为了分解生物性别的作用，而是利用这一概念揭示掩盖在生物性别之下的有关性别的种种文化和社会建构。

第二，社会性别研究的出发点是揭示日常生活中存在的不平等的性别关系。具体包括两个方面：一是揭示社会中存在的显性

① 苏红. 多重视角下的社会性别[M]. 上海：上海大学出版社，2004：3.
② 苏红. 多重视角下的社会性别[M]. 上海：上海大学出版社，2004：7-9.

的和隐性的性别不平等状况；二是揭露性别不平等背后的制度性和结构性因素，也就是说社会制度和社会结构中哪些因素造成和影响了性别不平等的形成。

第三，社会性别的研究内容是分析性别不平等产生和再生产的原因。特别是要发现性别不平等与经济、政治、文化、社会结构之间的内在联系，分析性别不平等产生和得以延续的社会机制。一般来说，围绕三个重要机制展开讨论：一是生产方式机制，主要是指劳动分工，特别是性别分工；二是社会文化机制；三是性关系与性秩序机制。

四、多元（社会）性别

多元社会性别，或者多元性别、性别多元，目前在性与性别界得到了广泛的认可，尽管没有形成统一概念，但是相关的表述是很充分的。简要梳理如下：

（一）性别光谱（sex/gender spectrum）

指将生理性别和社会性别均视为光谱般的存在，不仅承认男-女两种生理/社会性别，亦承认居于男女之间的其他生理/社会性别之正当性的观念，例如，承认间性人相对于男/女、跨性别相对于顺性别的平等地位。①

在 2011 年中国人民大学性社会学所的“性社会学理论与方法培训班”上，郭雅琦老师介绍过“性别光谱”的概念：在性别光谱的一端是生理性别、心理性别、社会性别皆为男性的人，在

---

① 微信公众号“xisu 性别平等促进会”，间性人 ABC——关于性别和性倾向的基本知识与问答，2017 年 4 月 8 日。

另一端则是生理性别、心理性别、社会性别皆为女性的人。

（二）性少数群体（LGBTQ）

LGBTQ 是性少数群体社区中比较常用的术语，其他热爱标签和归类的人基于现有的样本总结出了一些名词“LGBTTTQQIAAP+”，人们经常使用 LGBTQ 来表示“LGBTTTQQIAA”中包含的所有社区：[①]

1. Lesbian/女同志

女同性恋，又称女同、拉拉、蕾丝边 Lesbian、Les、Girlslove，是指只对同性产生爱情和性欲的女性。

2. Gay/男同志

男同性恋是对同性产生性欲和爱恋的男性。在西方 50 年代至 60 年代末，“同性恋运动”不分男女都叫作 Gay Movement。换句话说，男同性恋固然叫作 Gay，女同性恋也同样可被称为 Gay。从 20 世纪 70 年代开始，Gay 渐渐开始仅指男同性恋。

3. Bisexual/两性恋

又称双性爱、双性向，指对男女两性皆会产生爱情和性欲的人，是性取向分类之一，与单性恋（异性恋、同性恋）取向齐列。

4. Transgender/跨性别者

指一个人在心理上无法认同自己与生俱来的性别，相信自己应该属于另一种性别。

5. Transsexual/变性人

---

① 微信公众号“529D 实验室”，科普文：LGBTQQIAAP+性少数群体，究竟还有多少种，2017 年 9 月 11 日。

指的是那些已经通过手术改变了自己原本生理性别的人。

6. Two-Spirited/双灵人

男性的肉体住宿着女性的灵魂，或女性的肉体中住宿着男性的灵魂，或者男性或女性的灵魂同时存在一个人的身体里。

7. Queer/酷儿

酷儿，来自英语 Queer，其本意指古怪的，与通常不同的，与 odd 同义。20 世纪，由于这个词的起源，以及很多环境的影响，这个词成为对同性恋的另一个带有贬损意味的代名词。尽管很多人是在反同性恋的立场上使用“酷儿”这个词，例如对同性恋的恐惧者的使用，很多性少数群体不太喜欢使用这个词。但 20 世纪 80 年代，在同性恋内部，这个词被广泛使用。它是指那些对性爱表达方式所持立场与传统标准不同的人，而这个人不一定是同性恋。许多同性恋、变性者、双性恋、甚至部分性爱方式以及与传统一夫一妻异性婚姻有所不同的异性恋者接受了“酷儿”这个称呼。所以这个词还含蓄包含着“只因为他们是这样而受到压迫”的含义。

8. Questioning/疑性恋

有的时候这个概念也和流性恋（fluxion）混用，特指那些不愿意被贴上明确性向标签，或者对于自己的性向存疑的人群。涵盖了性别光谱里的其他多样性认同，也是反对贴上性向标签的人群。

9. Intersex/双性人

也叫两性人，阴阳人，间性人，是原本生理解剖特征不符合常见男女标准的个体。他们可能在染色体、荷尔蒙、内外生殖器、第二性征等诸多方面不同于标准的男性或女性状况。间性状况可能在出生时即被发现，也可能随着身体发育才逐渐明显——间性人可能自我认同为男性、女性或两者皆非，可能是异性恋、同性恋、双性恋、无性恋等。

10. Asexual/无性恋者

无性恋，亦称为“无性向者”，据美国《医药日报》报道，全球约有 7000 万人为无性向者，即他们对异性和同性都没有兴趣。专家将这种现象称为“第四性向”。

11. Ally/直同志

就是 Straight ally 的简称，是“直”与“同志”的组合，是指认同性少数群体、对性少数群体友善，并试图颠覆性别霸权位置的异性恋者。

12. Pansexual/泛性恋

指对任何性别皆能产生爱情和性欲的人，包括男性、女性、跨性别者、间性人等。他/她们通常认为在恋爱方面性别是微不足道或无关的。

13. Agender/无性恋者

通常对性行为不抱任何期待，全靠自慰解决性欲或有些人确实真的没有性欲，因此一般不会想发生性关系，但有人还是为了取悦对方有性行为。无性恋者依然可以从别人身上感受到爱，有些人也会谈恋爱，但比较偏向建立精神恋爱关系。

14. Gender Queer/性别酷儿

性别身份拒绝被定义的人。

15. Bigender/双重性别者

双重性别者在男女两种明确的状态间切换。

16. Gender Variant/性别流动者

性别流动者认为，他们有在男、女两性或以上的性别认同之间流动。

17. Pangender/泛性别者

就是一个人没有固定意义的性别。所有性别都可以算是，都不完全是。异性装扮、异性举止、演绎异性、从外观无法发现个人的明显性别特征，这些都是泛性别的表现。

（三）跨性别

后现代主义挑战了二元划分，包括性别的二分法，男女之外的性别被称为“跨性别”。每个人都有三种性别：生理性别、心理性别、社会性别。三种性别内均存在着“跨性别”人群。生理性别方面，除了生有男性生殖器的男人或生有女性生殖器的女人，还存在着同时兼具男女两套生殖器的人，以及有两套男性或两套女性生殖器的人，他们便是生理性别的“跨性别”。心理性别方面的“跨性别”包括易性恋者和易装恋者。前者包括心理上认为自己是女人的生理男人，以及心理上认为自己是男人的生理女人；后者是喜欢穿异性服装，但可能仍然认同于自己现在的生理性别的人。做过变性手术的易性恋者，被称为“变性人”，在性别二分法的文化下，他们似乎既不是男人也不是女人，更处于一种尴尬的状态，同样是“跨性别者”。社会性别上的“跨性别者”，指那些过于阴柔的男性，以及过于阳刚的女性。他们或者被称为“娘娘腔”“二尾子”，或者被称为“男人婆”“假女人”，在强调男女差异的文化下，他们也是另类。[①]

通过简要梳理多元社会性别的理论与实践派的观点，可见多

① 方刚．性权与性别平等：学校性教育的新理念与新方法[M]．北京：东方出版社，2012：42-43.

元社会性别无论是作为一个学术概念，还是一种性与性别的实践，是客观存在的。这就意味着：基于性别二元的生物决定论，甚至是二元对立的社会建构论，已经很难为新出现的多元社会性别提供理论指导了。一种关照多元社会性别的理论、视角必须要替换那些过时的理论。

第五节 从社会建构论到主体建构论

一、社会建构论及性与性/社会性别制度

（一）建构主义理论与社会性别

建构主义指涉的是这样一种思想，即人类不是静态地认识、发现外在的客体世界，而是经由认识、发现过程本身，不断构造着新的现实世界。建构理论认为：社会现象的问题性质，不是或不仅仅是被客观状况所决定，它同时也是被社会性地建构出来的。建构主义在很大程度上不断“解构”着基于实证主义理念形成的各种“正统共识”，启动并参与到有关社会现象决定论与建构论的两极争论之中。①

建构主义理论假设：第一，构成世界的基本要素是个人行动者以及他们有意识的行动；第二，个人行动者赋予世界意义，并积极主动地建构社会。建构主义理论认为，个人面对的现实是多元的，因个人所处的历史、地域及经验等因素的影响而呈现出不同状况，这种现实就是一种建构。同时，任何社会制度都会使某一些群体获益，造成不同群体利益的不均，获益的群体会利用手

① 闫志刚. 社会建构论：社会问题理论研究的一种新视角[J].社会，2006（1）：23-35.

中的权力，使其利益不断扩大。[①]从建构主义角度来看，两性行为的差异以及性别差异导致的不平等看似是自然的结果，其实都是人为建构的。性的社会建构论认为："性"并不仅仅是个体的内在驱动力的作用结果，更主要的是由具体的历史环境和社会环境所催生的；社会文化的建构不仅影响个体的主体性和行为，同时也通过性认同、性的定义、性的意识形态以及对于性的管理来形塑集体的性经验。[②]

20 世纪 70 年代在女权主义运动推动下出现的性别社会建构论，否定性别与性差异的本质性质，主张从社会活动过程、社会制度和社会文化中解释两性区别。社会建构论中比较温和的观点是：性别是以生理性别为基础的社会建构，个人生而为男为女，并没有天生的性别认同，他们是在成长过程中获得性别认同，在经过社会的建构之后才成长为男人或女人的。社会性别就是将一个社会建构的类别加在事先确定的生理性别的身体之上，它会随着时间和文化的不同而改变，因而社会性别是社会和符号的创造物。在性取向方面，社会建构论认为人在本质上也没有同性恋、异性恋、双性恋的区别，是社会文化因素压抑了一些感觉，表达了另一些感觉而已。

后现代主义者福柯认为：性与社会生活不平等的权力结构共存，是话语的产物，在性实践中不断被强化。可见，性别问题建构论，将过去被认为是自然的、天赋的、不可改变的性别特征，

---

① 苏红. 多重视角下的社会性别[M]. 上海：上海大学出版社，2004：29.
② 潘绥铭，黄盈盈."主体建构"：性社会学研究视角的革命及本土发展空间[J]. 社会学研究，2007（3）：174-193.

重新定义为不固定的、可塑的和开放性的。[①]

在西方，许多哲学家提出社会文化和环境对性别角色的塑造作用。在 1869 年出版的《妇女的屈从地位》中，英国哲学家约翰·斯图尔特·密尔（John Stuart Mill）指出："现在被称之为妇女的天性明显是人为的事——在某些方面是强制压迫的结果，在另一些方面是不自然的刺激的结果。"他已敏锐地感觉到所谓男女的性别差异更多的是人为的结果。法国存在主义哲学家西蒙娜·德·波伏娃在《第二性》中申明"女人不是天生的，而是变成的"。"永恒不变的女性气质"只是一个谎言，女人想事情的方式、情绪、走路的样子，并不是生下来就这样的，而是渐渐形成的，是教育和日常生活培养的结果。她认为妇女地位形成的决定性原因还是文化，是传统习俗和男权文化造就了女人。女性的不利处境不是自然的，是父权制社会建构的产物。[②]法国哲学家米歇尔·福柯在《性史》中提出，性并不是一种独立于外界条件的观念，而是文化建构的结果。而这种建构会随着时代和社会的改变而不同。英国哲学家安·奥克利（Ann Oakley）在《性别、社会性别与社会》中提出性别分工并不是由男女生物学上的差别决定的自然体，而是社会有意造成的性别不对等的社会规范，从性别规范上揭示了性别的社会文化建构性和不平等性。[③]

---

① 闫志刚. 社会建构论：社会问题理论研究的一种新视角[J]. 社会，2006（1）：23-35.

② 西蒙娜·德·波伏娃，第二性[M].陶铁柱，译. 北京：中国书籍出版社，1998：58-59.

③ 付翠莲. 性别平等与构建社会主义和谐社会[J]. 云南行政学院学报，2007（1）：51.

可见上述建立在文化基础上的哲学理论—社会建构主义认为根本不存在什么普遍的人类性本质，性的本质是社会建构起来的，是文化的产物。将关注的重心从个人的内在本质转向了外部环境。社会建构主义还相信性的社会教化理论。这一理论认为，人类在开始时是一张白纸或一团胶泥，性受到占统治地位的话语的塑造和强化，人们之中的任何区别，无论是性别还是性取向的区别，都是由文化和环境的不同造成的，是可以通过对现存社会环境的改变而加以改变的。[①]

（二）性/社会性别制度与性别不平等

盖尔·卢宾在探讨妇女受压迫、处于社会从属地位的性质和起源问题时提出了性/社会性别制度（the sex/gender system）概念。所谓“性/社会性别制度”，是指社会中的文化、道德、历史以及种种人为的话语机制，设计好了一整套的培育体系，依据社会的习惯和需要，对人的生物性差异进行规范和制约，从而形成社会制度和关系中的性别差异。[②]

亲属关系形成的性/社会性别制度是女性处于被压迫境地的关键。性/社会性别制度的出现正是为了保障亲属制度，为达到这一目的，性/社会性别制度构建了三方面的机制：[③]

其一，性/社会性别制度通过压抑人类的自然相似之处强制区分了社会性别，并塑造了两性性欲，将一个性别的性欲望强制

---

① 李银河. 性的问题·福柯与性[M]. 北京：文化艺术出版社，2003：190.
② 司晨，金鑫. 性别压迫中的政治经济学——论盖尔·鲁宾的“性/社会性别制度”[J]. 南昌大学学报（人文社会科学版），2008（1）：45-48.
③ 许诺. 盖尔·卢宾的女性主义——关于《女人交易：性的“政治经济学”初探》[J]. 南方文坛，2009（2）：24-28.

导向另一个性别，以保证异性恋婚姻。

其二，乱伦禁忌机制压抑了同群体人之间的结合，从而保证了女人交易发生在不同群体之间，导致了一个广泛的关系网络。

其三，性/社会性别制度压抑女性性欲，将女性塑造成“被动接受”的一方，从而保证女人可以通过成为交换物的形式为亲属关系服务。

也就是说，建立在以女人交换为基础之上的人类社会亲属制度不均等地划分了两性权利，这一套以亲属制度为核心的社会制度体系规定了女性的从属地位。

亲属制度根据自己的需要而有目的地组织和命令人类性行为的许多方面，它不仅组织和命令女人，也同样组织和命令男人。比如它压制男人女性化的特点，压制女人男性化的特点，坚持僵化的人格区分，为了保证婚姻制度的顺利而压迫同性恋行为等。亲属制度从交换女人，对女人的压迫上升到了对所有人的压迫，由它衍生出来的性别制度不仅是对女性的压迫，也是对男性的压迫。

总而言之，亲属制度不是建立在自然的基础上，不是出于生物学上的必要性，也不是出于人类的本能。恰恰相反，它是建立在对生物性（sex）的改造和压迫上，是对人类天然的性进行人为的规范和强制而形成社会性别（gender），是一种性别的政治经济学——在这一层面上，男人和女人其实处于同样的受压制的地位，只是程度不同。然后在这种通过对天然的性进行规范强制而形成的社会性别制度中，男性再实现对女性的压迫。①

在现实社会中，性/社会性别制度的很多方面体现了性别不平等。这里可以简要归纳为以下三个基本方面。②

1. 性禁忌

性作为禁忌在女性身上比在男性身上体现得更为明显。

（1）性禁忌意味着性不可公开言说，更不可为女性公开言说。现实社会中存在的很多根深蒂固的性剥削，首先体现在对于性的持续忌讳和封闭，这只会使女性权益受到侵害而不敢抗争。比如女性在学校、公交车或是其他公共场所被性骚扰或者性侵害后不得不保持沉默，等等。

（2）作为禁忌的性也限制了妇女在公共领域中的参与及贡献。女性在公共空间的发展受到排挤或限制，在某些情形下就与人们对性的认识有关。比如为什么一些女性不敢独自外出，或者一些年轻的女大学生在对招聘单位不了解的情况下甚至不敢单独去应聘？为什么一些单位领导甚至仅仅是为了避嫌而不去提升女性下属？为什么外表漂亮的女性取得事业成功会招来很多桃色猜忌？很多公共空间的性别禁忌其实就是针对女性的性禁忌。这些规定使得女人比男人必须更加谨慎，在某种程度上局限了女性在公共领域的各种发展机会。

2. 性的双重标准

双重标准指的是在男权制度中，对某一特定行为的判断针对

---

① 许诺. 盖尔·卢宾的女性主义——关于《女人交易：性的“政治经济学”初探》[J]，南方文坛，2009（2）：24-28.

② 刘建中，孙中欣，邱晓露. 社会性别概论[M]. 上海：复旦大学出版社，2016：61-62.

男女两种性别有不同的标准。同一行为，如果发生在男性身上，可能是适宜的，甚至值得赞许的，但是如果发生在女性身上，可能就会被认为是不得体的。

我国民众在性问题上的双重标准，主要体现在以下三个方面：

（1）对妇女的贞操要求。比如：男人应该有多的性经验，女人应该保持贞操；男性的一夜情也许可以理解或原谅，女性的一夜情就是不道德；同样是有较多的性伙伴，对男性或女性的评价也会不同。

（2）处女情结。女性在和性相关的事情上多半是“失去”而不是“获得”。男性从性经历中得到力量和自信，女性则得到羞耻和污名。

（3）对性欲望的不同表述。男性被认为有更强的性欲望，可以单独的为性而性；女性的性欲望被认为是比较弱的或是被动的，需要男性来引导。女性不可以公开谈性，男性可以；女性的婚外性关系比男性的婚外性关系更不可原谅。

3. 性与女性价值

性方面的标准规定了好女人和坏女人的划分。在性方面表现出主动欲望可能被认为是坏女人，青春少女在日常生活中表现出对性的无知或是羞涩、排斥被认为是好女孩应该有的反应。

有研究指出，当代中国女性在性领域的活动很大程度上体现了女性作为“第二性别”的特征，这些性领域的具体活动包括妇女性维权意识的缺乏、不情愿的性行为、被迫的性行为等比男性要多，以及妇女更多遭受性骚扰等。所有这些特征表明，中国女性还处于一种“性屈从”的地位当中。[①]

方刚曾以异性关系为例，分析了社会性别刻板印象、男女迥异的性别建构的结果，至少可以在以下三个方面对青少年造成伤害。[②]

（1）影响婚恋观：传统的般配标准造就了“高精尖”女性的择偶困境；当强调男人贵在事业成功、女人贵在婚姻幸福时，女性就会更难以面对情感创伤；男性也会更少承担家庭生活中的责任。

（2）影响权力关系：传统性别模式塑造男支配、女顺从的模式，这体现在性以及一切非性领域。受这种模式影响，女性在面对强奸、性骚扰时可能更多地采取忍受、妥协的态度；在婚姻关系中，女性更多听从丈夫的意志，难以坚持自己的主见。

（3）影响性的自主权：男女的双重道德标准，使女性在性上更难勇敢地说“要”或者“不要”，使男性在性上更加无止境地追求“强大”，同时也成为“强大”的奴隶。

二、Sexuality 理念与性/别框架

黄盈盈在分析现阶段中国的社会性别知识生产的“男女二元性别思维”局限性时指出，社会性别的研究依然是在以男女二分的生理性别为边界来限定自己的研究对象的。那些认同自己是女性的男性，或者以女性角色在进行性别活动的生理男性，那些认

---

① 潘绥铭，白维廉，王爱丽，劳曼．当代中国的性行为与性关系[M]．北京：社会科学文献出版社，2004：296-328.

② 方刚．性权与性别平等：学校性教育的新理念与新方法[M]．北京：东方出版社，2012：40-41.

同自己是男性的女性，或者以男性角色在进行性别活动的生理女性，那些在两性中间摇摆不定的诸多生理的与社会的性别，在中国现有的主流社会性别知识体系里仍然找不到位置。[①]因此，“落回到‘性与生殖健康’的议题，黄盈盈希望借此更为建设性地引入 sexuality 的理念与性/别框架，以促进新的探索实践。”[②]

（一）Sexuality 的理念

Sexuality 的“全性”概念至少包含以下三个层面的解读：第一，它涵盖生物学、行为学意义上的性（sex），但绝不仅于此，还包括性认同、性关系、性观念、性语言、性仪式、性欲望、性幻想等内容。即便是性行为，也不仅仅指与生殖相关的异性间性行为，还包括各类被主流规范所排斥、处于性等级低端的性行为。第二，“性”是一个独立但非孤立的概念。它不等于性别，也不等于生殖，但与性别、身体、生殖、婚姻、情感等有着甚为亲密的关系。第三，“性”不能简化为“唯性主义”，如同性别分析不能流于“唯性别主义”，它与年龄、阶层、流动、习俗、宗教、国家权力（政治法律）、经济、社会运动/发展等因素之间存在复杂且多变的相互构建关系。

（二）性/别框架

性/别的概念框架，显然超出了仅仅把性局限在异性恋关系、局限在男主动女被动的性角色想象、局限在性病/艾滋病或者生

① 黄盈盈. 反思 Gender 在中国的知识再生产[J]. 社会学评论，2013（5）：22-33.

② 黄盈盈. 性/别框架下的“性与生殖健康”[J]. 探索与争鸣，2014（9）：32-34.

殖道感染的疾病范畴之内。它是一种基于权利视角的认知框架，扩宽了人们对于情欲的想象，传达了更为积极与正面的声音。它为各类性及性别少数人群的生存权利与主体能动性创造了空间，既关注到被社会做滥性化标定的性工作者、跨性别、虐恋等人群，也不忽略被社会做无性化标定的感染者人群、残障人群、青少年、老人等。性/别的认知框架，遵循的是历史社会建构论的视角，挑战那些被想当然地污名化的性及性别现象，揭示其被建构的过程及其间的权力关系。这种揭开了性的污名化标签的知识框架，能够更好地正视人们的日常生活逻辑，直面性及性别的多元存在及其变化，透视日常生活的政治性。

"性/别"概念用斜线更为明确地画出了性别本身的多元流动及其间的暧昧复杂，指出"性"与性别的不同及复杂关联，"别"则道出了性的多元异质和内部差异以及其中的压迫与宰制的关系，也表达出性与其他社会差异（阶级、年龄等）的复杂关联。①

在大力倡导的同时，黄盈盈运用 sexuality 的理念与性/别框架评估了现有的"性与生殖健康"政策及服务的问题，进而说明为什么要在"性与生殖健康"领域提出性/别的概念框架。她认为：

（1）缺乏性/别知识及权利视角的"性与生殖健康"政策忽视了某些人群的存在，更谈不上为其提供健康服务，从而有违公平与公正的原则。

① 何春蕤．研究社会性/别：一个脉络的反思[J]．社会学评论，2013（5）：45-53.

（2）缺乏性/别视角的“性与生殖健康”政策及服务，容易在认知上出现误区，甚至为这些“被服务”的人群带来新的歧视，从而“好心办坏事”（至少没办成好事）。

（3）缺乏性/别视角的“性与生殖健康”项目，其实施效果会大打折扣。“没有对于性/别框架的充分认识，最后只能是‘有（科学）知识，无常识’，很难真正触及社会生活中不同主体的差异性需求，也不可能提高服务的质量及有效性。”[1]

在社会性别研究领域引进 sexuality 的理念与性/别框架评不仅仅是一种学术倡导，更是源于边缘人群的社会实践促成。

Schneider 和 Hellen 解释了政策目标群体的不同建构对公共政策制定和社会资源分配所产生的重要影响。不同群体对社会的影响力有大有小，社会对这些群体形象的建构可以是正面或负面的。从这两个维度，可对社会群体做如下分类（如下表）：

社会建构与群体影响力关系表[2]

		群体影响力	
		强	弱
社会建构	正面	强势群体	依赖/弱势群体
	负面	抗争群体	越轨群体

① 黄盈盈. 性/别框架下的“性与生殖健康”[J]. 探索与争鸣，2014（9）：32-34.

② 闫志刚. 社会建构论：社会问题理论研究的一种新视角[J]. 社会，2006（1）：23-35.

上面的“依赖群体”大体相当于我们国家所用的“弱势群体”。很明显，将社会人群归类为不同的群体，将直接决定政府部门以何种方式架构（framing）“他们的”问题，并以何种公共政策资源加以处理和解决。强势群体，在这一过程中，意味着获得更多资源和利益，因而政策必然是优惠性的；弱势群体，会得到社会的怜悯和支持，政策是支持性的；越轨群体，政策是惩罚性的；而对抗争群体，政策往往是对话和妥协的结果。

具体到性别问题上，多元的社会性别实践的群体在男权中心、异性恋霸权的中国社会情境中，通常被视为越轨群体或者弱势群体。这使得他们很难在现有的国家-社会框架中获得所需的资源。这种状况也导致了多元社会性别群体有着自己独特的行动实践。

譬如说，一项关于人群艾滋病易感行为的亚文化的研究①结果认为：由于构造主义建构理论哲学上的行为社会构造理念，始终支持着“健康行为社会促进模式”，即通过环境作用人们的认知、态度、行为的过程建构健康行为的策略。这就使包括健康信念论、原因行为论、社会认知论、行为改变交流理论等一大批行为改变理论均蕴含了行为建构的因素，进而成为今天主导全球艾滋病易感行为干预与预防的理论与策略的社会理念。正是由于建构理论的行为改变模式强调人们的认知、态度、行为、实践为社会制定的“脚本”，策略上通常会采取行为改变的环境建构模式。

然而，近来的证据显示，在过去 20 年的世界艾滋病预防工作

① 王曙光. 艾滋病亚文化易感挑战社会建构理论[J]. 社会科学研究，2008（4）：129-136.

中从未真正体现出建构干预策略的有效性、持续性和文化适宜性。这正是在于这些理论的非本土外来“空投”式方法的导向、建构式的制度导向、自上而下的宣传教育导向以及诸如安全套促进、针具交换、药物替代等外在的技术与条件影响导向的有限性。“小弟”人群选择同性性关系中被动接受的方式看不出有明显的生物系谱的轨迹。同时外在项目干预活动的影响也是微不足道的。这表明，外在的预防信息、影响、条件并不能简单地建构他们社会要求的行为方式。显然，在今天宽容、开放和市场化的社会中，仍处于边缘化的人群是更倾向于在探索自身需要的实践中有选择地感知外界和整合自身的生活方式，而常常并不依从外界设计的行为范式。

因此，影响人群行为的社会动员、社区健康促进、大众宣传等因素只有成为人群自身实践的选择才有意义。这必然是人群参与、营造、倡导、决策的“自主”导向，而非现在的“干预”导向。因此艾滋病应对，包括其他健康问题的应对，应该是无数多样化的人群和群体自身文化的实践应对，在本质上应该是健康实践引导人群重构他们自身的生活史的过程，应该是社会动员具体人群在实践的文化适宜性和恰当性的选择、重构、更新、改变的过程。所有这些远非“社会建构理论”范式那样简单，但却更为生动，更为具体，也更接近艾滋病时代社会学研究新方向的前沿。

这也就是说，人群的疾病易感行为在特定文化中存在着群体自身环境的营造和重构的“实践导向选择”的事实；这种行为和实践隐含了可能比社会构造理论更为丰富的含义和完全不同的视角。这意味着，人群的性取向、性行为表达既不是稳定不变的生物系谱，也并非简单地作为潜藏的、被动的、幕后的“社会脚本”的环境所确定。针对这些越轨群体、弱势群体的行动干预或是社会救助，需要新的理论与实践支持。

三、性的主体建构论

社会建构理论的性学社会学和人类学的历史分析，由于超越了生物医学的本质论（Biological Essentialism）范畴，进而注意到人类的性不过是作为“社会脚本”（Social scripts）被社会所建构和制定，也就是社会架构在行为上的特殊表达方式。

然而，近年来在有关中国内地男-男性关系人群中艾滋病易感多样化性行为评估的研究中，愈来愈多的证据似乎日益显示了人群的疾病易感行为在特定文化中存在着群体自身环境的营造和重构的“实践导向选择”的事实。

“实践导向选择”无疑仍是作为一种潜在的、成长中的观点。同社会建构理论的理解一样，实践导向的证据同样说明，人群行为内在稳定连贯的生物系谱的因素是有限的、脆弱的和易改变的。但也不是简单地为潜在的社会“脚本”所制定，甚至不是“互动”概念可以理解的。因为这里显示的重要特点是人群具体的参与、适应、习得、经验积累、选择和再构。这是行为生物系谱和社会建构二元制法则所忽略的。实践导向是人群用不同的实践方式感知世界、选择生活方式和再构自身的历史。还没有进一步的证据说明这种选择也是“被制定”的。但可以肯定的是，人群行为，尤其是性行为的生物连贯性与社会建构性只有在实践导向与选择的前沿活动中的理解才更有意义。①

当“性”研究更多地与预防艾滋病、性别不平等和性权力等话题联系在一起时，当研究者把性观念和性行为视为社会的产物加以分析时，应当重视性行为中所包含的个体之间的“互为主体”（inter-subjective），即“性”并非个体的独立的、单一的行为，它具有共享性和集体性，能在不同的多元文化背景下将分离的个体联系在一起。如果我们要理解和解释生活于特定文化背景下的人们的性认同和性实践，就必须从过去的“疏离体验型”（experience-distant）过渡到“贴近体验型”（experience-near）。尤其是当我们研究那些性研究往往不予关注的群体，通常是“被言说”的边缘群体和弱势群体（如女性、同性恋、妓女等）时，就更要强调“主体”的声音、体验和叙述，才能打破（而不仅仅是认识到）深深附着在这些群体身上的“他者性”。②

主体建构视角可以集中表述为：把现象作为主体自己建构的结果（而不是天然存在的或者仅仅环境决定的），以主体的感受和体验（而不是研究者的认知）为基础，更加侧重去研究主体自己的建构过程（而不仅仅是建构结果及其作用）的诸方面。③

根据“主体建构”的视角，“性”的基本特征以及它与生物

---

① 王曙光. 艾滋病亚文化易感挑战社会建构理论[J]. 社会科学研究，2008（4）：129-136.

② 潘绥铭，黄盈盈. “主体建构”：性社会学研究视角的革命及本土发展空间[J]. 社会学研究，2007（3）：174-193.

③ 潘绥铭，黄盈盈. “主体建构”：性社会学研究视角的革命及本土发展空间[J]. 社会学研究，2007（3）：174-193.

学意义上的性（sex）之间的区别可以总结如下七个方面：①

（一）“性”是弥散式的

“性”不仅仅是“男女之事”“床上之事”“生殖相关之事”，更是爱情和亲密之事、情感表达之事、人伦和交往之事、生存体验和生命价值之事。它当然包括同性恋等各种处于少数地位的性现象，还包括种种“涉性现象”，例如谈“性”、听“性”、感受“性”及“性感”的日常实践，等等。

（二）“性”是由主体感受的，也是被主体所标定的

“性”并不是一种“可测定的客观存在”，它只能存在于主体对它的具体感受之中；或者说，只有确实被某个主体所感受到的那些东西，才足以构成该主体（个人、群体、文化等）的“性”。它是主体依据自己的感受、认知和自我反馈所做出的种种标定、解释和评价的总和，以及由此而产生的种种日常生活实践。

（三）“性”是意义化的

“性”虽然会带来种种生物学意义上的结果，但是对于人与生活来说，更重要的是它可以对于主体以及各种相关物产生各式各样的价值和意义。以个人为例，一个人不仅要标定什么是“性”，而且必须赋予它某些价值和意义，才能够成为他（她）自己的确实存在的“性”。

（四）“性”是来源于主体之间的以及主体与“情境”之间的互构

在不同的时空中与不同的人使用不同的方式过性生活，不但

① 潘绥铭，黄盈盈.“主体建构”：性社会学研究视角的革命及本土发展空间[J]. 社会学研究，2007（3）：174-193.

会建构出不同的“性”，而且会建构出不同的情境。之所以强调“情境”，并不是因为它比“环境”更加微观，而是因为它不仅定位于一定的时空，更包含活动于其中的若干主体，尤其是这些主体以及主体之间的活动也会对“情境”发生作用。

（五）“性”存在于历史之中

“性”的建构是一个持续可变的过程。

（六）“性”的变化更多地来源于主体的日常生活实践，而不是单纯地来源于认知或者外力作用

（七）“性”与社会性别、身体等概念有着千丝万缕的联系

性与社会性别是互塑互构的，性典型地通过身体来表述并且具有身体体验性。但是“性”本身是一个独立的概念，应该也可以被区分。

中国性教育应该坚定不移地把自己的目标置于促进青少年认识并获得自己的权利、快乐与健康之上。但是，社会建构视角、成人中心论导向的性教育难以有效实现这个目标，那么，从儿童的主体建构视角是一个有意义的探索。这就意味着，性/别教育的任何讨论都不能仅仅建立在成年人的道德取向与价值评价的基础上，必须了解青少年的性/别现状，采纳他们的声音。[①]

四、本书的主张和结构

编写本书的目标有二：

第一，替换之前在四川推行很多年的、被人批评为“灭火器

① 潘绥铭，黄盈盈.我国14-17岁青少年性教育状况的实证分析[J]. 中国青年研究，2011（8）：5-9.

式的”性教育。这种性教育，将青少年的性与性别问题化，开设性教育课首先就是为了解决各种问题；将性教育定位为“老大难/拦”事业，为了进校园，而首先要迎合当地教育部门、学校和学生家长等单位或群体对于性教育的要求；寻求（单一/主流/政治正确的）标准化，以前寻求的是性科学标准，现在依靠的是《国际性教育技术指导纲要》。

第二，将目前性学界的新成果融入社会性别教育中。倡导：性与性别的主体建构；相互聆听，让性的多元声音和需要得到尊重。

为了实现这样的目标，本书打算通过多元社会性别角度来进行探索。本书倡导的多元社会性别教育思路是：首先，二元社会性别的社会建构论主张存在很多问题，如，二元的视角（性别上的男女二元、男比女强；性倾向上的异性恋与非异性恋、异性恋正统）；男女平等主张；无法回应多元的性与性别。所以，本书打算用主体建构论视角来指导社会性别教育，并且把社会性别教育的目标定位为：颠覆社会性别刻板印象的教育，倡导多元社会性别的“和美共存”（和而不同、各美其美）。对于第一点，可以在历史社会建构论（sexuality 理念和性/别框架）下重新审视、解构不合时宜的社会性别建构；对于第二点，可以通过主体建构视角，请多元社会性别的个体分享、理解、包容，最终实现和美共存。

全书的结构为：第一、二章界定主要概念、梳理社会性别的相关理论，并选择性的主体建构作为多元社会性别教育的理论指导。第三章讨论多元的性、性别与性教育的关系，这一关系是基于青少年自身的性与社会性别的多元作为实证基础，区别于以往的性教育“问题导向”“家长导向”。第四章讨论多元社会性别视角下的性教育怎么开展的问题，包括含义、主张、工具、案例等。第五章是运用历史社会建构论和主体建构论对当前的社会性别热点现象进行解读。

第三章
社会性别与性教育

第一节　中国青少年的多元的性与性别[1]

一、少男少女的性爱观及性实践

基于中国人民大学性社会学研究所在2010年对14～17岁全国总人口的随机抽样调查，本节对全国范围内这个年龄段的校内外少年（包括流动人口）的基本人群特征、异性交往与性爱观、（互联网）线上线下的各类性实践进行分性别的细致展现。

表1　少男少女的性爱观及性实践调查结果（%）

类别	少男	少女
现在有异性知心朋友	80.5	87.6
爱上超过一个异性	50.4	34.9
有过单相思	33.0	29.1
有过失恋	29.0	23.7
现在已经有恋人了	13.5	13.8
有相同性别的恋人	1.3	1.0

① 黄盈盈，潘绥铭.中国少男少女的爱与性——基于2010年14—17岁全国总人口的随机抽样调查[J]. 中国青年研究，2012（7）：55-61.

表 1 列出了少男少女异性交往方面的情况。大部分的人有异性知心朋友（不管男女都超过 80%）。33%的少男与 29.1%的少女有过单相思的经历，29%的少男与 23.7%的少女有过失恋的经历。承认自己目前已经有恋人的少男 13.5%，少女 13.8%。另外，也有少男少女回答有相同性别的恋人（1.3%的少男与 1%的少女，这个比例因为太低，所以在统计学上并没有太大的意义）。

表 2　少男少女的多样性爱观调查结果（%）

类别	情况	少男	少女
总体的性观念	比较、非常开放	61.6	52.3
性与爱的关系	先有爱，后有性	71.8	79.0
性很宝贵	同意	68.1	63.0
婚前性行为	不算道德问题	55.3	51.5
男人包二奶	可以理解	22.9	27.6
女人做二奶	可以理解	26.8	34.3
性快乐至上	同意	16.6	4.1
爱情至上	同意	31.8	23.8
爱情其实是幻想	同意	24.6	18.6
女人的贞操	贞操没有意义	22.4	6.1

在性观念方面，超过半数的少男少女们认为自己的性观念比较开放（或者非常开放）。在表 2 列出的诸多性爱观中，比例最高的是认同“先有爱，再有性”（少男 71.8%，少女 79%）。但是，这并不等于说大部分青少年认为爱情至上。对于“爱情至

上”的说法，认同的比例并不是很高，而且与一般社会大众的理解有出入的是，少男中赞同的比例高于少女（少男 31.8%，少女 23.8%）。认同比例比较高的性爱观还包括“性很宝贵”（少男 68.1%，少女 63%）。过半数的少男少女认为婚前性行为不算道德问题。对于目前社会上热议的“二奶”现象，超过五分之一的青少年对于“男人包二奶”“女人做二奶”表示可以理解，且少女中表示赞同的比例略高于少男。对于女性贞操，绝大多数女性很看重（6.1%认为没有意义），比例远远高于少男（22.4%认为没有意义）。

3. 性实践：线上线下

表 3 列出的是少男少女比较常见的几类（涉）性行为与性欲望。

表 3　目前为止少男少女有过线下涉性行为与性欲望调查结果（%）

类别	少男	少女
接吻	37.6～37.9	18.9～20.0
性爱抚	26.3	17.1
性交	12.6～15.4	8.3～11.9
有过自慰	20.3	7.3
认同自慰不好	71.2	76.7
看黄片	21.5	26.9
过去一年里一直没有想过性	43.1	81.0
认为自己性欲与别人比更弱	78.3	86.8

可以看出，在少男中，12.6%到 15.4%的人自报有过性交行

为，在少女中，这个比例是8.3%到11.9%。少男少女有过接吻行为的比例相差比较大，分别在 38%与 20%上下。超过四分之一的少男有过性爱抚（26.3%），比少女高出 9 个百分点（17.1%）。自慰的比例在少男少女中相差也很大，20.3%的少男有过自慰行为，这个比例在少女中只有 7.3%。不管是少男还是少女，认为自慰不好的比例都在 70%以上。同时，大约四分之一的少男少女在过去的一年中在线下看过色情片。其中少女看过的比例（26.9%），比少男（21.5%）还高出 5 个百分点。如果再加上那些上网看过色情片的，那么少年中总计已有将近三分之一（32.5%）看过黄片（看过录像、影碟、图片、照片等，直接表现性生活的详细内容）。在性欲望方面，43.1%少男回答在过去一年里没有想过性，而这个比例在少女中几乎翻了一倍（81%），而且，大部分的少男少女认为自己的性欲望比别人更弱（少男78.3%，少女 86.8%）。

表 4　少男少女上网的具体活动调查（%）

上网的具体活动	少男	少女
每天上网超过 1 小时	31.1	24.3
网上搜索性生活的文字或图像	64.9	67.0
网上看过直接描写性生活的文字	50.1	39.0
网上讨论性生活细节、性技巧	6.9	14.4
网上谈性、裸聊、一起自慰	3.1	3.0
有过网友	54.0	48.6
在有过网友的人中，网友的平均人数	11.1 人	12.2 人
在有过网友的人中，关系超过友谊	6.3	5.2
用手机寻找性伴侣、性方面的广告	12.4	7.0

首先从上网的情况来看，31.1%的少男与24.3%的少女每天上网超过1小时。近一半的少男少女有过网友，男生略高于女生。且在有过网友的人里面，5%～6%的人与网友的关系超过一般友谊。在网上搜索过性生活的文字与图像的少男少女比例超过一半（少男64.9%，少女67%）。在网上看过直接描写性生活文字的比例在少男中接近一半，少女要少10个百分点。有部分少男少女有过在网上讨论性生活细节以及性技巧的经历，且少女中的发生比例是少男的两倍多（少男6.9%，少女14.4%）。少部分少男少女（3%）有过在网上谈性、裸聊、一起自慰的行为。除了互联网之外，手机也是一个重要的交友以及寻找性信息的渠道。在少男中，12.4%的人用手机寻找性伴侣、性方面的广告，这个比例在少女中是7%。

二、少男少女的性交行为及其相关因素

（一）对少男的全面分析

1. 社会因素作用强大

城市少男发生性行为的可能性比农村少男多出16.4倍；只上过初中的少男（包括不在校的）的性行为的可能性比上过高中的减少87%。这两点都符合人们通常的认知，说明少男虽然年龄小，却已经被纳入了社会约束之网。

2. 增加少男性经历的因素

其中的几乎所有因素都在人们的意料之中，包括现在有恋人、认为自己的气质与人格有魅力、上年想性的次数多、认为女性的贞操不宝贵。其中令人奇怪的是：如果少男赞成父母严格管制孩子，那么他们的性经历的可能性增加6.2倍。

3. 降低少男性经历的因素

这些因素也都不足为奇。例如：异性交往的知识越多、越是赞成仅仅由学校来进行性教育；上年中谈论爱情（而不是谈性）的次数越多且曾经爱上仅仅一个异性、爱上的异性中只有一个后来成为恋人或仅仅是单相思；那么少男发生性行为的可能性就越小。

这些分析都指向同一个结论：对于少男发生性行为的可能来说，专一的爱情不仅不是推动力，反而是抑制力。

（二）对少女的全面分析

1. 爱情无比强大

少女的恋爱情况对她们有性的可能性发挥了最显著的作用，但是却与人们的通常认识和大众传媒的鼓噪恰恰相反。

其一，早恋并不必然带来性行为，因为只有在 15 岁和 16 岁爱上异性的少女，有性的可能性才增加 5.8 倍，而 14 岁就爱上的与 17 岁才爱上的却并不显著相关。也就是说，少女最可能发生性行为的年龄段是 15 岁到 16 岁，而不是更小或者更大。这说明，少女太不成熟或者过于成熟都会减少她们有性的可能性，或者说，在 15 岁到 16 岁，不管传统如何贬低，也不管大人们如何惊恐万分，时下的中国少女已经用自己的实际行动证明了：这个年龄段才是真正的花季。

其二，曾经“乱爱”也并不必然导致性行为，反而会减少；因为那些曾经爱过两个或者更多异性的少女，有性的可能性反而比其他少女减少 99.2%。同样，只要不是仅仅爱过一个人，那么有性的可能性就降低了 89%。这两个分析的结论趋于一致：少女的专一爱情才是推动她们发生性行为的最主要的影响因素。这是因为既然她们已经准备好“从一而终”，那么“以身相许”也就顺理成章。反之，少女爱得越多，选择能力也就越强，不会马上就在一棵树上吊死。

其三，没有失恋过，会把少女有性的可能性降低87%。反之，痛彻心扉的失恋则会使得有性的可能性剧增71倍，是所有纳入分析的因素中作用最强大的。这表明，失恋过的少女更加容易把发生性行为作为下次爱情关系的维系手段与保障。所以可以说，既然社会不可能阻止她们恋爱，也无法预防她们失恋，那么社会就应该而且必须减少那些造成少女痛苦的失恋。在当今中国的情境之中，谁都知道，少女失恋的痛苦主要来自男性的不平等对待与少女缺乏选择的能力。一切相关的人与其徒劳地反对“早恋”，不如在这方面认真扎实地关爱少女。

2. 少女的主体建构

这方面的分析结果也与人们通常的认识大相径庭。

其一，如果少女在自慰中获得良好的感觉，那么性的可能性增加46倍，是所有纳入分析的因素中发挥作用第二位大的。那种所谓“手淫会使得少女沉溺于自我”的说法被反证了。

其二，有性经历与认为自己不再需要性教育，是互为因果的关系。这一方面说明，中国目前中学里那种“犹抱琵琶半遮面”的性教育，对于已经有性经历的少女早已是昨日黄花；另一方面也说明，即使是有性经历的少女，对于性的理解仍然过于狭窄和浅薄。

其三，如果少女认为自己志向远大，那么她们并不害怕“因小失大”，有性经历的可能性反而增加了12倍。也就是说，所谓“只有不思进取的少女才会有性经历”，其实是这样说的人自己错了。

其四，不出所料，认为女性的贞操并不那么宝贵的少女，有性经历的可能性增加 9.2 倍。但是这一因素的作用却并不是最显著的，因此如果仅仅归因于少女的观念变化也是缺乏根据的。

其五，如果有人认为生活浪漫的少女更容易“出轨”，那么他们就错了。这样的少女有性经历的可能性反而减少了 90%。其实这一点儿也不奇怪，少女的浪漫非常可能与爱情直接相关，但是在这个年龄段的女性中，爱情与性更加可能相互排斥。

三、少男少女的性爱与性别

数据告诉我们，中国的少男少女不是一个同质性的人群，他们在性爱方面的多元化应该得到关注。我们也不应该紧紧盯着少男少女们是否发生过性交行为，而应该以更加宽泛、丰富的视角来理解少男少女的社会交往、性爱观与各类性爱实践。

具体来讲，朋友交往（包括小团伙、帮派行为）、知心朋友交往、各类恋爱经历（包括单相思、失恋、谈恋爱等）对于少男少女的情感表达与亲密交往来说是非常重要的。主流社会应该正视少男少女们的这些情感经历，而不是忽略友情的重要性或者过度强调某些情感经历的负面作用（比如早恋）。

在性爱观念方面，少男少女们对于爱情与性的关系、对于各类社会热议问题、对于大人们紧盯着的婚前性行为有着自己的理解与评价，内部也出现了一定的分化。承认并且把他们视为自主性的个体，跟他们讨论对这些问题的看法（而不是说教）是非常必要的。忽视或者客体化青少年的常规做法应该得到反思。

在性爱实践方面，仅仅盯着性交发生率的做法过于狭窄。性，不仅仅表现为通常社会大众所理解和担忧的性交行为。接吻、性爱抚、自慰、看色情图片/影片等内容，也应该受到重视。网络性爱的多样性也不应该被忽略。当然，这种重视决不能仅仅简化为“担忧”与“谴责”，首先应该是承认和正视。

从数据中不难看出，少男少女在性爱方面的表现、与性交行为相关的诸多因素方面，呈现出比较大的性别差异。而社会主流经常容易忽略这种差异，或者以基于某种性别的性想象（少男）来笼统地指称青少年的性与爱。

第一，少男有性交行为的影响因素基本上没有超出人们通常的认知，可是少女的绝大多数影响因素却出人意料，甚至与人们的想象南辕北辙。第二，爱情对于少女的作用远远大于对少男的。第三，社会阶层归属对于少男的作用更大。可是无论少男还是少女，他们自己的主体建构的作用都大于社会与父母的影响，只不过少男的情况为人熟知而少女则鲜为人知而已。第四，倾向于多爱的少男，发生性交行为的可能性更大，少女则相反。

综上所述，黄盈盈、潘绥铭期望通过对于少男少女的性爱观与性爱实践的展示与分析，提醒社会相关机构：

首先，必须把青少年作为一个有自主思考与行为能力的主体，在此基础上正视并理解青少年的性与爱，在对话与探讨的基础上可以提出建议。但不应该是由大人们来制订性教育的条条框框，更不应该强行灌输某些观念。

其次，必须正视青少年人群中的多元性爱表达与行为，在实证经验的基础上来讨论与思考，而不要无根据地进行道德说教。

再次，我们应该尝试着从“sexuality”的泛性理念出发，从性/别的视角出发来了解、理解、对话少男少女的性与爱。我们要反思的，首先并不是“我们的青少年到底怎么了”，而应是我们自己面对如火的青春那种冷冰冰的泼水灭火心态；面对处于朦胧状态的青少年原本可以用理解、探讨的方式加以疏导的美好的情爱经历，很多家长与教师却采用固化、丑化或恶化的做法以及一棍子打死的心态。

以正面的态度积极地、主动地看待少男少女们的性与爱，才是性教育的正道。

第二节　中国针对青少年的性教育的实效研究①

第一节通过具体翔实的调查分析数据显示：中国少男少女的性爱观念、实践呈现出丰富性和多样性，其中的主体建构性十分明显。这种性与性别的实践意味着针对青少年的性教育必须要有新的理念和思路——当然，这只是一种学理推论。为了证实这一主张，本节将援引潘绥铭、黄盈盈的另一项研究，来呈现中国现有的、针对青少年的性教育的实际效果。

一、针对遗精与月经知识的性教育

对于男孩子遗精（梦遗）这个性知识，男少年接受过学校讲授的占 21.6%，父母传授过的占 6.7%，还有 8.1%的少男看不懂“遗精”这个词。少女接受过学校讲授的占 23.2%，父母传授过的占 4.6%；有 6.0%的少女不懂这个词。

测验题：“有人说，男孩子的遗精（梦遗），会损害他的身体健康。您觉得这样说，对吗？”回答结果“正确”（这种说法错误）的，在少男中占 50.5%，在少女中占 32.8%。

① 潘绥铭，黄盈盈. 我国 14–17 岁青少年性教育效果的实证分析[J]. 中国青年研究，2011（8）：5–9.

对于月经，少女接受过学校讲授的占 33.2%，父母传授过的占 47.2%，只有 1.3%的少女不懂这个词。在少男中，这三个比例分别是 13.3%、3.6%和 9.2%。

测验题："有人说，如果一个女孩子，来月经（来例假）不规则、不规律；那么她怀孕的可能性就比较小。您觉得这样说，对吗？"

测验结果，有 34.0%的少女和 27.0%的少男回答正确（该说法错误）。与遗精的知识相比，少男少女对于月经与怀孕的关系的知识正确率普遍差一些，少男懂得更少。

从总体上看，尤其是对照下面的结果，遗精与月经知识的教育及其结果还不是最差。也就是说，学校和家长至少还是进行了这两方面的教育，但是最多也就是教育了这两个方面。

二、针对"自慰"（手淫）的性教育

在少男中，接受过学校讲授的只有 7.6%，少女只有 8.6%；还有多达 19.6%的少男和 27.9%的少女看不懂"自慰"这个词。父母也不肯传授"自慰"的知识，只有 6.4%的少男从父母或家人那里听说过，少女反而多一些，占 10.1%。由此看来，中国的父母家人真有点奇怪，难道他们不知道少男的"自慰"多于少女吗？怎么反而给儿子讲的少呢？这恐怕还是"性乃无师自通"的传统文化在作怪。

测验题："现在有的人认为，'自慰'（手淫）是一种坏习惯。您觉得这样说，对吗？"

测验结果令人痛惜：少男回答正确的只有 23.7%，少女只有 20.1%；平均 22.0%。也就是说，时至 21 世纪，在日益强大的中国，仍然有78%的青春期少年处于“手淫是恶习”偏见的压抑之下。

三、针对避孕的性教育

对于有可能成为意外怀孕受害者的少女们，只有区区5.1%曾经听过学校中的讲授，只有6.7%从父母家人那里听到过（可是已经多于学校了）；而不知道什么是怀孕的却是8.8%，比前两项都高。“家有少女初长成”，这本来带给为人父母者的是一种非常传统的喜悦之情。但作为父母与师长，更应该树立起“避孕知识不仅是保护更是爱”这样一个普世价值观。

少男也必须获得避孕知识，因为他们有可能造成意外怀孕。可是接受过学校讲授的只有6.0%，父母家人传授过的只有2.7%，还有11.2%看不懂“避孕”这个词，远远高于前两项。潘绥铭、黄盈盈不得不怀疑：莫非我们的老师和家长对于少男们造成女生意外怀孕的可能性视而不见，全靠亡羊补牢？

测验题：“有人说，男人和女人如果只是过一次性生活，那么女人怀孕的可能性就很小。您觉得这样说，对吗？”

测验题的回答结果可想而知，回答“正确”（该说法错误）的少男刚刚达到四分之一（25.7%）；而少女则连五分之一都不到（18.5%）。

少女理应享受社会对于未成年人、女性、计划生育的三重保护，理应拥有最充分的知识来免于意外怀孕的伤害，所以上述的局面不是令人难以接受而是令人无法忍受。

四、针对性病、艾滋病的性教育

接受过学校讲授的少女与少男一样多，都占23.6%；父母家人传授过的少男占 16.9%，少女占 15.0%；还好，至少对“性病”“艾滋病”这两个词看不懂的不算多，少女占 6.9%，少男占 9.8%。看来无论学校还是家长，对于性病与艾滋病的威胁还算是重视的。只不过这是出于保护健康还是为了控制性行为，由调查不可测知。

测验题：“有人说：只要在性生活中，正确地使用完好的避孕套(安全套)，就不会被传染上艾滋病。您觉得这种说法对吗？”

令人奇怪的是，回答“正确”（该说法正确）的少男占 23.8%，高于接受过学校讲授的比例（20%）；可是少女则仅为 9.9%，连接受过学校讲授比例的一半都不到，也远低于受过家长传授的比例。由此可以推测，学校和家长对少女进行性病、艾滋病的教育，恐怕更多的是以此来进行恐吓，才使得她们连正确的预防知识也不敢相信了。

五、针对避孕套（安全套）的性教育

既然进行预防性病、艾滋病的教育，那就离不开避孕套（安全套）的获得与使用。对此，潘绥铭、黄盈盈没有询问学校和家长的教育的情况，而是直接测验少年们现有的知识。

测验题：“有人说，只要去街上的药店、超市、计划生育用品店、成人用品店，都可以买到口服避孕药、避孕套（安全套）。请问，以前您知道这个情况吗？知道多久了？”备选答案是：（1）从来不知道；（2）在一年之内知道的；（3）早在一年之前就知道了。少年们的回答：少女中有 38.9%已经知道了；少男更多，占 48.4%。这是上面所有的性知识测验中正确率最高的，而且它也是最实用的。虽然从知道如何获得“套套”

（网上流行的称呼）到真的使用还相当遥远，但是毕竟是可喜的第一步。

不过，在目前的中国，敢于公然告诉少年们去哪里找“套套”的学校和家长绝不可能很多；因此这个最高正确率恐怕还是要更多地归功于避孕套推销商的不懈努力。

当把剩下的 5 个接受性知识教育的程度（每个都是 0～4 个等级）汇总起来，就得到一个可以反映性教育总体程度的平均等级（0～4 级）。

首先，少年接受过的性知识教育少得可怜，平均起来大致在 1.5 级左右，相当于处在从（1. 完全没有讲过）到（2. 讲过很少）的中间。从具体情况来看，学校讲授的等级低于 2 级的（连“很少讲授”都达不到）在少年中竟然高达 73.5%；家长传授低于 2 级的则更是高达 86.6%。这是一个令笔者不能容忍的事实。

其次，少女受到的性知识教育比少男还多一些，尤其是家长的传授更多一些。这对少女自然是好事，可是少男为什么被相对忽略了呢？也许是因为成年人普遍认为少男自己会去寻求性知识，所以才掉以轻心。但是这不也是一种失职吗？

在 5 个性知识里，至关重要的避孕知识的平均得分是最低的，尤其是少女的平均得分仅仅为 2 分，也就是相当于测验题里的选项（2）比较错误的水平。

第三，除了月经知识以外，其他 4 个知识以及总计得分都没有达到 3 分，也就是还没有达到测验题里的选项（3）我说不清或不知道的水平。说白了，这其实就是糊里糊涂外加偏与错。

这是 2010 年的中国应该出现的局面吗？我们的下一代愿意自己是这样的吗？成年人的社会对此视若无睹，是不是一种失职，甚至是一种损害？

把少年的 5 个性知识的平均正确程度（1～5 分，最低 1.4 分最高 4.6 分）作为因变量，把学校讲授与家长传授的平均程度（都是 0～4 级）分别作为自变量，再把性别、年龄、上学的年头作为控制变量，对 5 个性知识分别进行复杂样本的 Logistic 回归分析。结果如下：

首先，对于少年的 5 个性知识的回答正确的平均程度发挥了最大作用的，是家长传授遗精知识的平均程度。如果家长的传授增加 1 分（就是把传授增加一个等级，例如从“完全不讲”增加到“只讲一些”），那么少年的正确程度的可能性就会随之增加 39.8%。之所以会这样，主要是因为少男出现首次遗精的年龄参差不齐（10～17 岁），学校讲授很难掌握最佳时机；而家长在朝夕相处之中却可以送上“及时雨”。

其次，家长传授预防性病的知识的平均程度也发挥了比较显著的作用。如果家长的传授增加 1 分，那么少年的正确程度的可能性就会随之增加 65.9%。这主要是因为学校的预防性病教育必须是科学严肃的，常常令少年们觉得味同嚼蜡；而家长的传授往往借助于现实生活中的鲜活事例，简单易行。

第三，对于月经知识，学校讲授的平均程度发挥了显著的作用。它每增加 1 分，少年的正确程度的可能性随之增加 65.5%。这主要是因为在一般中国家庭中，传授月经知识的主要是母亲，而母亲在这方面的科学知识显然远不如学校里的老师或者校医。因此即使每一位中国母亲都传授过月经知识，但是孩子记住而且生效的，依然主要是学校的教育。

第四，自慰知识也与月经知识类似。学校讲授的平均程度每增加 1 分，少年的正确程度的可能性随之增加 50.7%。

总之，笼统地讨论谁来教育更好这个问题没有什么意义。研究发现：父母或家人传授遗精与预防性病的知识更为有效，而学校讲授月经与自慰知识更为有效。

但是这里还遗留下一个问题：无论学校还是家长，无论讲授得多还是少，对于少年的避孕知识的回答正确程度都没有发挥显著的影响，其实就是无效。这主要是因为无论学校还是家长都把避孕教育视为险途，或者绝口不言，或者云遮雾罩，当然注定无效。

众所周知，阻碍中国性教育发展的最主要顾虑是：害怕青少年的性知识多了就会“越轨”。

研究说明：少年了解性知识的正确程度与他们发生性交的可能性之间，并不存在显著的相关关系。也就是说，性知识的正确程度不会增加性交的可能性，因此我们应该放心大胆地开展性教育。但是，它也不会减少发生性交的可能性，因此，凡是希望把性教育作为“灭火器”的想法与做法，都是不明智的。

其实，任何一个少年如果与人发生了性交，肯定有众多的原因与考虑，也需要众多的条件与机会，还有赖于更多方面的能力与经验。这些往往都是成人社会一无所知或者难于理解的。笔者认为，性教育与性知识只是其中一个不那么重要的因素，因此凡是把“性知识”与“发生性交”这两者直接联系起来说事的做法，也是不明智的。

简言之，我国的性教育应该坚定不移地把自己的目标置于促进青少年认识并获得自己的权利、快乐与健康之上。

第三节　专家对性教育新思维的倡导

一、潘绥铭论青少年的性教育：性教育不适合“集中领导，统筹安排”①

（一）为什么需要性教育

性教育只应该有一个“终极关怀”的目标：帮助所有的个体，尤其是下一代，都尽可能多地获得“性福”。在这个目标下，性教育的“受众”的权利与利益才是第一位的。他们与教育者之间的互为主体的关系，才是我们在性教育过程中应该着力建设的。我们最应该关注的并不是我们想告诉青少年什么，而是青少年自己希望知道什么；不是如何讲授，而是如何讨论。

在这个目标下，任何一种性知识都不存在该不该讨论的问题，只有一个怎样才能讨论得最好的问题。同样，性教育也就不应该局限于“性知识”，更不是某种既存的性道德，而是着重培养人们在性方面的可持续发展，而且是自主发展的能力。按照日本一些性教育实践的提法，就是帮助人们学习如何生活。

---

① 人口研究编辑部. 羞答答的玫瑰如何开？——关于青少年的性教育[J]. 人口研究，2002（6）：20-28.

（二）由谁来进行性教育

大多数主张和推动性教育事业的人士，实际上仍然是按照“一元化”的思路来设计性教育的，就是希望借助国家的权威力量，在“性”这个领域里建立起某种单一话语的绝对霸权，而且世世代代传承下去。

可是，无论什么具体内容的性教育，只要是“一元化”的，那么首先就会遇到无法克服的操作障碍。

例如：假设某个高中二年级的全体学生中，已经有5%的人发生过性行为，15%的人在恋爱，20%的人连最起码的性知识都没有，其余的人则是处于中间状态；那么“正规”的性教育无论讲什么和不讲什么，都不可避免地会被一部分学生认为是“超前”，另一部分学生则认为是“马后炮”，还有一些学生则如坠云中，甚至会因此而产生“逆反”心理。症结就在于：如果非要把性教育纳入目前的由国家控制的义务教育体制之中，那么它就不得不在受众年龄与教育内容这两个方面拼命地达到“一刀切”，不得不忽视受众的任何个体差异与不同个体在发展中的多样可能性。

这个无解之结恰恰说明：性教育其实是最不适于“一元化”的，尤其不适于由国家来“集中领导、统筹安排”。中国的性教育推动者们，常常以美国和西欧国家为例来呼吁“国家把性教育抓起来”，却不大提及两点事实：其一，美国的性教育实际上是由各个学校自己来决定是否进行以及如何进行的；其二，西欧诸国虽然是“国家推行性教育”，但是那些国家本身已经是多元化与多样化了，并不存在中国这样的“一元化”。

（三）最根本的“失语”

目前中国的主流社会仍然不能承认：任何一个人，哪怕是青少年，都具有与生俱来的、以不损害他人为前提的“性权利”；国家的义务是保证这种权利得以实现，而不是相反。为什么不能承认性权利？

二、刘丽青论青少年的性教育：与青少年一起同交流、同思考、同决定、同行动①

（一）青少年的性健康教育应该以青少年的需求为出发点

我们的教育和社会工作者在开展青少年性健康教育工作中，往往容易以防止相关不良后果为出发点，如避免青少年过早地与异性亲密交往以影响学业和前途；避免青少年偷尝禁果而导致非意愿妊娠、人工流产和性病、艾滋病的感染。然而，青少年渴望学习相关的性健康知识，是因为友谊和爱情是他们生活中非常重要的一部分。与异性交往与互动，是人一生的学习过程，是生命的成长、生命的互相滋润和扶持。青少年时期与异性交往，是学习两性互动的入门课程，是为未来的婚姻家庭准备，在他们健康成长的过程中起着着举足轻重的作用。无论是两小无猜的纯洁友谊，还是懵懵懂懂的青涩初恋，都是个人心智成长路上的宝贵经验。青少年在情感的丛林里摸索，需要的是我们成人宽容、镇定和理性的建议与帮助，而不是漠视、粗暴和打击。

---

① 人口研究编辑部. 羞答答的玫瑰如何开？——关于青少年的性教育[J]. 人口研究，2002（6）：20-28.

（二）以青少年喜欢和乐于接受的方式开展青少年性健康教育

良好的出发点、合适的内容，如果没有有效的方式和途径来实现，并不一定就能保证青少年性健康教育的成功。因此，对于有效和可接受方式的探讨和研究，是我们每一个参与青少年性健康教育工作者所面临的问题。我们的体会是无论哪种方式都既有其有利之处，也有其不利的一面。例如课堂讲授的方式，虽然极其有利于知识的传授，但可能并不利于青少年相关技能的培养与锻炼。再例如我们的“You & Me”报纸[①]，虽然极大地重视了相关技能的训练和与青少年的互动，但却无法满足青少年个体的不同特殊需求。所以，以青少年喜欢和乐于接受为基本原则，针对青少年成长过程中的不同阶段，综合、灵活和创造性地运用各种恰当方法讲解性教育知识是青少年性健康教育取得良好效果的保证。

（三）青少年是青少年性健康教育的主体

当代青少年所处的是一个在变革的时代，是我们青少年性健康教育工作者在自己的青少年时期不曾经历过的时代；他们所面临的观念上的冲撞、情感上的困惑和各种良莠难辩的诱惑，也是笔者青少年时期从不知道、也从未体验过的。因此，在当今青少年性健康教育方面，对很多问题，我们都没有现成的答案。基于这样的理解，我们认为青少年是当今青少年性健康教育的主体，我们应该和他们平等地一起分享和讨论他们在成长过程中的欢

① “You & Me”报纸为玛丽斯特普国际组织驻京代表处与《中国中学生报》、四川省教育厅等单位共同合作创办的全国首家以青少年性健康教育为核心内容的公益性报纸。自2001年创刊以来，已经免费向四川、贵州、河南等600多所中学，特别是向农村中学的一百多万名学生发放。

乐、迷茫和痛苦，我们随时提供我们的建议和经验，与他们一起学会在当今复杂多元的社会环境中理性地思考与判断。在当今青少年性健康教育中，我们不是绝对的师长，我们需要与青少年一起同交流、同思考、同决定、同行动、同成长。

三、其他的倡导

方刚等认为，学校性教育近年越来越受到关注，但是，中国现有的性教育普遍是缺乏社会性别意识的性教育，具有性别多元意识的性教育更是几乎无处可觅[①]。

黄盈盈、潘绥铭认为[②]：第一，我们需要“性/别教育”。目前针对青少年的性教育依然主要是生理卫生教育，仍然缺乏性别的视角，很少涉及性别教育；更缺乏对于性别气质、性别认同、性取向的讨论。第二，“性/别教育”要尊重社会事实与青少年的主体声音。性/别教育的任何讨论都不能仅仅建立在成年人的道德取向与价值评价的基础上，必须了解青少年的性/别现状，采纳他们的声音。

---

① 方刚，王卫媛，吕娜. 性别多元：社会性别研究的新扩展——“性别多元：理论与实务研讨会”侧记[J]. 妇女研究论丛，2012（4）：111-113.

② 黄盈盈，潘绥铭. 中国少年的多元社会性别与性取向——基于 2010 年 14-17 岁全国总人口的随机抽样调查[J]. 中国青年研究，2013（6）：57-63.

第四节 建构论的性教育理念

一、社会建构论的知识观[①]

社会建构论的代表人物捷根（Gergen K. J.）提出了独到的“社会建构论导向的知识观”。在其社会建构论观点中，核心概念便是“语言”，同时他还提出了“对话”这一隐喻。他正是通过对“语言”和“对话”的研究阐释了其社会建构论的基本观点。

（一）语言——知识积累、传输与表征的形式

捷根的研究认为语言是知识的文化积累、传输和表征的基本形式，对各个领域中任何问题的表征需要经过社会性的相互转换（interchange）才能获得合理性，那么，“知识就是在学习者进行为他人所知的建构活动中获取的。”这样，社会建构论把知识的获得基于共同体中各成员间的对话（dialogue）或交流这一微观社会关系层面上。捷根认为语言有三个基本特点：

1. 语言的意义是通过社会性相互依赖获得的

社会建构论认为，“意义是通过两个或多个人的协同努力而获得的”。即“我所说的事只有得到你的认可之后才有意义”。捷根强调用社会性（commual）关系代替传统知识概念中个人主

① 裴新宁. 社会建构论及其教育意义[J]. 全球教育展望，2001(10)：20-24.

义的意识形态，强调只有存在这种社会关系的共同体才能产生合理清晰的表述，从而由此可推知个体本身的意义。

2. 语言的意义基于情境

传统知识论把知识看作是思维表征的一种形式，知识是个人在超越了具体事物的个别属性而把握了一般属性的时候获得的。因此，任何真理可超越历史和文化的界限而适用于任何情境，可以作为取之不尽的源泉。但是，在当我们把对知识的关注由头脑中的内部世界转向语言时，上述假设便不攻自破。将语言关系作为研究对象，是植根于特定的社会历史环境的，任何主张或理论离开了其特定的外部环境都毫无意义。

3. 语言主要具有社会性功能

传统观点认为个体只要通过练习其内在的能力（敏感观察、逻辑思维等）就可从根本上达到对知识的理解。这样，人们就可以说出“纯知识”，或是没有特定目的和原因的知识，这种知识代表了真理。而社会建构论认为，纯理论的权威跟实用的无知之间的差别根本不存在。语言并不反映或描画一个独立的世界，也不代表个人思想的表达。某种主张（或理论）跟个别之间的关系是在特定情境中发展起来的，没有把这些个别关系混合起来简单运用于以后情境的办法，且这种“纯理论”也并没有告之任何人它所适用的条件。语言的功能并不体现在其真理定向性中，而是体现在进行中的关系之中。我们使用语言并不是用其作为一种反映世界或表达自我的手段，而是作为我们“在一场游戏中的行动”（维特根斯坦）。在这场游戏中我们用语言来执行我们的行动，其他人根据现场制定的游戏规则对这些行动做出反应。对化学元素的种种科学描述并不代表世界的影像，这些术语对不同科学家群体的参考性价值是有特定领域的。因此，要注意语言运用的实际条件和局限，没有纯粹的语言，因为“在游戏之外没有可理解的陈述”，所有的语言都是在某种共同体中体现着自己的意义。

（二）对话（dialogue）——教育过程的核心环节

捷根研究了利用对话这一隐喻去评价教育现状的实效性问题[①]。他认为知识是对话的某些片段——是“知识丰富的谈论”（know ledgeable tellings）在对话空间中某一时刻的暂时定位，实际上，“在对话发生时，知识在不断地产生着”。对话关系可以发生在学生与教师、学生与学生、学生与环境之间。权威式的讲授是一种对白（coversation），因为讲授的内容已经被固定了，学生的介入就好比“半路闯进了一场已经开演的戏”中，学生在其中根本找不到自己可以随意发言的时刻，只能附和既定的台词。显然有了对话这一隐喻，从对话入手（对话的形式、内容、对象、环境等）便能找到研究教学方法的可行之路。国内外许多学者都对对话进行了研究。如塔勒（Taylor）认为要创设一种探讨性的环境[②]；斯德厄（Steier）则较深入地研究了对话的过程，他提出要强调社会研究中反身性思维的循环，这有助于形成进行更有效交流的对话框架[③]。

---

① Kennth J.Gergen，Scocial Construction and the Educational Process，Constructivism in Ed ucation [J].Law rence Erlbaum Associates，1995，17 −39.

② 以上观点转引自：裴新宁．社会建构论及其教育意义[J]．全球教育展望，2001（10）：20−24.

③ 以上观点转引自：裴新宁．社会建构论及其教育意义[J]．全球教育展望，2001（10）：20−24.

二、社会建构论对教育的启示

社会建构论认为知识根本不存在于个体内部，而是属于社会的，个体不能独占知识，只能分享知识。作为知识积累、传输和表征形式的语言有各种形式，而每一个人都以自己的方式解释着这些形式。由此出发，该理论对教育有如下四个方面的启示。

1. 消除固定的权威

传统教育中权威的地位是不可动摇的。人们通过经验的积累（外因论）或理性的提炼（内因论）便可成为权威。然而社会建构论认为权威并不存在于个体之中，权威是社会参照的。在各个学术领域中，权威的地位并不是固定不变的，如果条件许可，任一团体中的任何人都可拥有这一地位。但是传统教育长期存在的权威作用使我们的学生只能受到有限的教育。由于认为教育者拥有知识从而被视作权威来决定如何让无知的学生去获得这些知识，这种固定的程序把学生置于一种不利或无权的位置。教师的讲授把“必须掌握”的信息“灌进学生的大脑”（外因论），或去“挑战学生的思维能力”（内因论）。但实质上，权威的这种做法只不过在“初步演示占据这一个固定位置时的技能”。尽管有时教师为了暂时放弃权威而提供给学生一些学习模式，试图让学生自己去得到些知识，但仅仅暴露于模式中是远远不够的。这种情形恰恰是把公开生产权威的过程（如那些远离学生观点的私下的准备过程）向学生加以了隐瞒。当然，课前准备是重要的，但应想到教师自己的每一准备及在讲台上所说的观点仅仅是某一领域在不停对话的局部体现。

其实，教师的作用是多重的。他首先是一个学习者，对其所工作于其中的亚文化群应持有平等意义上的理解与鉴赏，要设法通过利用叙述的技巧，在课堂上听到学生的声音。他时而是一个协调者、促进者、资源顾问，时而也可充当指导教师或教练，让学生能够配置资源，引导学生如何在缺乏背景知识的情况下从大量的书籍中摄取所需的内容；激发学生将兴趣投注到看似呆滞的资料中；支持学生捍卫某种观点（尽管还有不足），学会为自己辩护；鼓励学生善于将日常生活中司空见惯的现象加以抽象概括；要在确立对话的形式和对话的进展方向上提升学生的作用，要考虑以什么样的方式将学生引入教学规划的范畴中；不能把学科内容仅仅看作是其结构中的固定的东西来讲述对话中涉及的术语，应注意按照讨论的进展需要来改变对话的方式。

2. 激活对话者间的关系

由于传统认识论把知识看作“个体头脑内”的产物，因而喜欢在教师和学生之间做一个明显的主客体之分。其实，任何清晰、丰富且合理的表述，都不是内部思维的外部表达，而是对进展中的社会性转换流的整合。要使学生参与到一系列的对话中来，要让学生从被加工的客体转变为这一社会关系中的主体，让他们也拥有丰富知识的地位。布鲁菲（Bruffee）曾把学习称作“在我们与他人由语言组成的关系中的转换”。教育正是通过这种相互间的转换，即通过协调对话参与者的地位和行为而发生的。要保证在对话中有效地参与，教师就不能过分强调发言的客观性和合理性，否则会阻止学生的介入。

另外，为了进行成功的对话，还应注意培养这样几种能力：（1）从别人的言语（或行为）中挑选出可以并入先前对话的内容；（2）产生言语（或行为）以承认对话者呈现的权威；（3）用有利于交流的办法扩展先前对语中的话语或行为；（4）为别人的参与留出空间；（5）提供回路（backchannel）信息以有助于保留这种转换的轨迹；（6）避免终止讨论的行为（如对个人的威胁、侮辱）；等等。只有这样，才能激活对话者间的关系。合作学习（collaborative learning）正是学生间进行的交流起着重要教育作用的过程，对话者们通过参与和加入来批判性地探讨别人的观点，因而由互动而产生的新的阐释是层出不穷的，知识也就不断得到了丰富。

3. 在实践中形成意义

语言不仅通过人们在特定情境对它的使用中获得了社会价值，也获得了意义。那么，今天教育过程所面临的挑战不是把事实、理论及合理的认知模式储存于个体的大脑中，而是创设一种情境，使在其中所形成的对话的价值和意义能够得到最充分的认识，或去形成某种条件，使在该条件下的对话能够跟个人、团体或国家的实际追求联系在一起。要从根本上削减被神化的、脱离实际的课程，倡导学生和教师共同决定对他们有重要作用的实践主题和活动，即教育对话要尽可能紧密地跟生存环境的使用结合起来。如让学生针对生态问题、种族问题、吸毒问题、失业问题、厌学问题等开发某些项目并实施研究，同别人有效地交流自己的观点和见解。这样，学生们就能够对自己的实践负责任，此时，恼人的书本、数学和实验就不再是“在威逼之下必须跨越的栅栏”，而会成为他们积极参与的不断进展的对话的资源；各种迷离的数学技巧就会成为必备的表征工具——用于决定各种经济现象中有意义的涨落；用于评定消费和收益；用于读出人口统计表；用于跟别人有效地交流研究结果。同样，各种抽象的物理原理和化学方程式也有了生动具体的实践意义。

4. 倾听各个领域的声音

语言的意义产生于其所发挥作用的关系之中。正是语言本身这种多语义、多情境的特点，才使语言具有了灵活性，也导致了其在不同情境中交流时的差别。过去的一个世纪，重视描述分科领域的知识——化学、物理、历史、音乐等，课程也是为这些不同学科而特意安排，学生面对的是彼此分离的不同领域。上音乐课就用专门的术语和范本学习乐理，英语课和生物课用到的词汇完全不同，每一领域的语言都被限制了其应用范畴。这种传统的知识结构不利于认识对话的全部潜在的内容，构成知识的概念、原理和逻辑的意义被人为地限定，结果在固定的领域之外无法丰富和加强对话，学生学到的仅是孤立、呆滞、无法解决复杂问题领域的知识。今天，我们应注意把教育过程镶嵌于真实应用情境中，要鼓励学生把话语从其学科领域的积淀中解放出来，在每一个对话空间里都能听到来自不同领域、有着不同隐喻和陈述方式的声音，学生们不再禁锢于被浓缩的学科内容的束缚，他们应该为了自己的目标而自由地遨游于任何必要的领域，任何必要的方式如：搜索、借用、游离、兼并、联合、建模、混合等，都可以成为获取最大收益的手段。因此，我们应鼓励学生在学习中基于真实问题将不同学科知识自然整合，去挖掘知识中更广、更深的意义。基于真实情境、基于学习者共同体、基于网络、基于案例的学习等都是这类使知识走向融合的教育对话的范例。

三、建构论理念在性教育中的运用

基于本章对青少年一代的性爱观念与实践、中国性教育的实际成效的实证分析，以及相关专家对性教育的新思维的倡导，笔者认为：基于主体建构论的性教育理念是最适合青少年的。虽然目前并没有一个“性教育的主体建构派”，但是本书认为下述的这些理念是与之非常契合的，故在此援引。

（一）成年人世界将性“问题化”的性教育并不受青少年欢迎

所谓将性“问题化”，即在进行性教育的时候只讲性病、艾滋病、怀孕与堕胎的风险等。“将性和亲密关系看成是个麻烦问题的危险是青少年因此觉得那与他们无关。性的议题变成只在关心如何处理性病、怀孕的危险，或是性偏差问题。此时，教育可能会把父母的关切以及青少年从青少年活动中心得来的经验不当地搅和在一起。青少年甚至将所有成年人看成‘利益同伙’，距离他们的生活太遥远。成年人关心的事变得和青少年当下的感受一点关系也没有。”[①]

（二）性的多元声音需要得到尊重

瑞典性教育专家爱瑞克·先德沃尔认为，性是复数的，因为性有着不同的声音，在同一个文化中也有许多不同的声音。“每一个文化的性都是复数的，具有不同生活、经验和表达方式。”[②]

1. 没有一种性是适用于所有人的

“从一开始，有些观点就很清楚：没有一种性是适用于所有人的。表达性、欲望、想做爱或生育的内在渴望，也不是只有一种方式。在一个人的性心理发展过程中，性是很重要的因素，它

① [瑞典]爱瑞克·先德沃尔.可以真实感受到的爱——瑞典性教育教师手册[M]. 刘慧君，译. 台北：女书文化事业有限公司，1998：29.

② [瑞典]爱瑞克·先德沃尔. 复数的性——从多元文化角度探索性[M]. 何亚晴，译. 台北：女书文化事业有限公司，2002：45.

要处理社会与个人之间的对立。性教育因此必须在建立性生活的动力中创造一个起点。”①

2. 性教育要将标准个人化

“在性教育与人际关系教育中，我们的目标并不在于建立行为与意见的一致准则，而是要将标准个人化。性和爱情是十分私人的，因此每个人都必须创造他们自己的规范，这样才能处理现实世界的事情。”②

3. 性的单一价值观的教育

“不考虑人们真实生活的严苛规范，终究会失去可信度。”③“社会的规范和价值常常被美化成真实的故事。这些美好的图像可能会压抑那些做不到的人。次文化团体也会创造自己的价值，他们可能大大有别于主流大众。所谓大众的观念和误解常常并不真实，却有造成弱势者结合在一起的可能效果。”③

4. 与性有关的资讯必须关照个人的经验和认同

“回避认同问题，或不直接讨论性行为，以及避谈自我保护的需求，都意味着轻视青少年生活最核心的部分。因此，与性和社会关系相关的资讯必须关照个人的经验和认同。对性和自我的正面态度和保护自己的能力紧密相扣。正面积极体验性

① [瑞典]爱瑞克·先德沃尔. 复数的性——从多元文化角度探索性[M]. 何亚晴，译. 台北：女书文化事业有限公司，2002：28.
② [瑞典]爱瑞克·先德沃尔. 复数的性——从多元文化角度探索性[M]. 何亚晴，译. 台北：女书文化事业有限公司，2002：159.
③ [瑞典]爱瑞克·先德沃尔. 复数的性——从多元文化角度探索性[M]. 何亚晴，译. 台北：女书文化事业有限公司，2002：45.

的能力基于自爱和自尊。”[①]

5. 相互聆听的重要性

“相互的聆听十分重要，对青少年自身的经验与感觉要很敏锐，如此一来，讯息才能真正传达到青少年的世界。同样重要的，青少年的世界也必须受到尊重。”[②]

① [瑞典]爱瑞克·先德沃尔.可以真实感受到的爱——瑞典性教育教师手册[M]. 刘慧君，译.台北：女书文化事业有限公司，2002：71.

② [瑞典]爱瑞克·先德沃尔著.可以真实感受到的爱——瑞典性教育教师手册[M]. 刘慧君，译.台北：女书文化事业有限公司，2002：29.

第四章
社会性别教育：现状与反思

第一节　单性别教育

一、缘起与特点①

（一）20 世纪 70 年代末兴起的单一性别教育——侧重于女生的发展

至 20 世纪六七十年代，世界上绝大多数国家都是男女合校教育，共同接受“无性别教育”，它看似平等，实际上顶多只是实现了教育机会均等，教育过程与教育结果的公平却无法得到保证，人们纷纷寻求解决途径。从 70 年代开始，性别生理学、心理学、人类学及社会学等学科的兴起与发展，分别从不同角度研究了人类性别差异的产生、分化以及性别角色的形成，人们开始探索如何有效地对男女学生进行适合各自性别特征的教育。

另外，多元文化观点渐渐盛行，教育领域一些主张课程多元化的学者对以往“一元化”或“一体化”的课程提出了批评，并指出该课程是“男性界定的课程”（male-defined curriculum），即把男性的经验当作普遍的可以类推于全人类的经验，排除了女性的传统、历史、文化、价值和观点，对此应加以改变。

最后，女性主义者开始以性别为视角重新审视学校生活的本

① 聂琴.单一性别教育的再度兴起[J]. 上海教育科研，2008（12）：19-22.

质特性，如学校的课程设置、教材内容、教学方法、教职员的行为态度等，对所谓“中立的”男女同校进行了分析。一方面女性主义者发现男女合校并没有使男女平等地受教育，男女同校不仅没有消除性别不平等的现象，而且其本身就是性别不平等的根源之一；另一方面，女性主义者认为所谓“无性别的”或是“性别中立的”教育实际上是人为地抹杀本来存在的性别差异，用不承认性别差异的办法来使教育中严重存在的性别偏见与歧视合法化。上述种种声音呼吁单一性别教育，尤其是女子学校的出现。

该时期的单一性别教育的焦点主要聚集于性别平等与教育公正，其着眼点是关注男女间的种种差异，尤其是社会性别差异，并考虑如何基于两性间的不同，更好地促进两性，尤其是女性得到充分、全面、均衡的发展。这种侧重于女生发展的单一性别教育，最初由一些女性主义者倡导推行，很多女子学校都是私立性质的，只是进入21世纪后才慢慢在公立学校生根发芽。

（二）20世纪90年代末开始出现的单一性别教育——侧重于男生的发展

过去的几十年中，全世界在为女生提供更多的教育机会和平等的教育方面取得了良好的效果。但是，至20世纪90年代，尤其是进入21世纪后，许多国家的研究数据表明，中小学男生的学习动机与兴趣、学习参与程度、学业成就等方面明显落后于女生，男生不仅在读写能力方面比女生落后，传统的男性优势学科如数学等，也渐渐由女生占据，有纪律问题、辍学、被开除的学生中，绝大部分都是男生。在中小学，男生开始成为“新弱势群体”，“男孩问题”备受关注。许多国家开始由政府资助，在公立学校展开单一性别教育的试点教学，有单一性别学校形式，也有在男女合校中进行男女分班的形式。

该阶段的单一性别教育，最主要的特点就是为了解决“男孩问题”，力求在不影响女生教育现有成就的同时，更好地激发男生的学习兴趣、提升男生的学业成就与基础学力、减少男生的纪律问题。另外，它一般不采用男女分校形式，而是在男女合校背景下，在部分科目的教学中进行男女分班教学，主要运用于英语、语言以及数学等科目中。通常，国家政府对此非常重视，一方面在政策法规上予以保障，另一方面在资金设备上亦给予大力支持。

二、单性别教育的实证研究①

在国际上，以欧美为代表的很多国家近年来也纷纷进行了单一性别教育的实践和广泛的研究，肯定的意见占据了主导地位。需要重视的是，在教育界近十年的调查研究基础上，英国教育部长戴维·布朗基特 2001 年要求教育标准办公室调查研究将男女混合学校转成单一性别学校的模式是否应该大规模地在全国推广。由于该问题的复杂性，新上任的教育部长埃斯特尔·莫里斯于 2002 年又正式要求对分班教学的效果进行评估，并支持但不硬性规定学校一定要男女分班。美国国会于 2002 年 1 月 8 日正式通过并颁布了主题为“No Child left Behind”的法案，修改了 1972 年 6 月颁布的《教育修正法案》中的 IX 部分所规定的为保证男女平等而对单一性别教育的制约，这从根本上改变了对单

① 蒋志峰. 单一性别教育研究及其对课程教学的启示[J]. 现代教育论丛，2004（1）：43-49.

一性别教育的限制并正式宣布单一性别教育的合法性。由此，美国实施单一性别教育的学校得以迅猛增加。美国单一性别公立学校协会提供的数据表明，20 世纪 90 年代，美国只有三所公立中小学为学生提供接受单一性别教育的机会，而到 2003—2004 学年，至少有 88 所公立学校提供了不同形式的单一性别教育，其中，有 63 个学校提供了单一性别的班级，25 所学校是完全的单一性别的学校。值得重视的是，单一性别教育正在呈现出的急剧发展的态势，是基于大量研究结果的支持基础上的。

（一）男女生学习风格和相应的教学风格都存在显著差异

近年来研究者对于男女学生学习风格差异的研究表明，在课程教学中要对男女学生给予不同的对待。

1. 学习方面个性的性别差异及相应的教学风格差异

在 20 世纪六七十年代，对个性的性别差异最流行的认识是“文化的塑造”，许多心理学家假设，如果我们强调让男孩去玩洋娃娃，让女生去玩小汽车等，则许多性别差异就会消失。但过去 40 年来的跨文化研究完全不支持这种假设。如美国国家健康学会最近公布的一项研究报告发现，在对中国、非洲的撒哈拉、马来群岛、印度、菲律宾、印尼、秘鲁、美国和欧洲各国的广泛跨文化研究中，各国人个性的性别差异都是非常显著的。与社会角色模式的预言相反，即使在传统性别角色男女差异最小的美国和欧洲文化中，个性的性别差异也是非常显著的。

通过大量的研究，发现各个年龄组的学生在所有学科上，女生倾向于在课堂上用更高的标准来评价自己的成绩，相应的，女生在测验中普遍比男生成绩更好。尽管如此，在评价学习成绩时，女生却更可能被过分地批评，而男生倾向于不切实际地过高评价自己的学习能力和造诣。女生会把学习成绩不好理解成是让老师和父母对自己失望的标志，而男生只有在理科的那几个特定学科的不及格才被认为是失败的。教师最强烈的自相矛盾的观点是：成绩最优秀的女生被认为是愚蠢的，而几乎刚能得到成绩“良”的男生却被认为是有才气的。因此，对男女学生最基本的教学风格的差异应当是：教师要鼓励女生，使她们自立起来；教师要使男生认识到，他们不是像自己所想象的那样有才气，要激励他们挑战自我并做得更好。激励女生和激励男生的基本因素是有差异的，研究者发现，家长和老师在关心女生时更感到愉快，女生也受到更多的关心；而大多数男生学习动机不强，只有在学习材料本身对自己有吸引力时才努力。

在师生关系上，女生倾向于把教师看成是支持者，老师给了她们一个小小的鼓励，她们就很感谢和亲近老师，课堂氛围让女生觉得舒适和安全，女生也喜欢课堂学习。师生关系促进了大多数女生的学习。而男生通常是令人烦恼的。

2. 在数学和科学教学上的性别差异以及制订与之相适合的教学方法

据美国参议员布赖恩·迪克森在题为“谈单一性别教育”一文中介绍，大量的研究发现，男女学生在数学和科学上对男女学生的最佳效果的教学方式是完全不同的。因此，将男女学生分开进行的单一性别教育有利于使教学更适合性别差异。例如，对男生可以通过对数学本身来激发他们的兴趣，如要求男生想象 1 和 2 之间所有的数字，它是无限多的，因为总能在两个数之间插入另一个数字，如在 1.001 和 1.002 之间能插入 1.0011 利 1.0012 等数。2 和 3 之间存在的数字呢？学生会承认 1 和 2 之间的所有数与 2 和 3 之间的所有数是一样多的。这时，让学生去设想 1 和 3 之间的所有数。凭直觉，这组数字应该是 1 和 2 之间数字的 2 倍。这时问学生，1 和 2 之间的数与 1 和 3 之间的数，哪个更多？一个无穷大怎么比另一个无穷大多 2 倍呢？对一组 10 岁大的男孩提出这个问题，大多数男生都会着迷的，而对另一组 10 岁大的女生提同样的问题，她们就会厌烦了。

一些研究者提出，男生适合更为抽象的概念。如教男生时提出这个问题：假如你正开着车，车以光速跑着，这时你打开前车灯，会发生什么？这个问题是对狭义相对论的一个很好的导入。这时就会看到甚至 8 岁大的男孩都会被这个问题激起兴趣，而女生就很少对此问题感兴趣。

对于女生的代数学习来说，老师使用“故事问题”就是一个很好的教学方法。用这种把问题放在故事中的形式，可以使女生更容易地理解，但“故事问题”的方法对男生效果不好，因为把代数问题隐藏在复杂的语言关系中，由于脑功能的差异，会使男生对问题的理解更加困难。这个“故事问题”的方法是 20 世纪六七十年代开始流行的，当时它被用来在男生占绝对优势的教育领域去提高女生的学习成绩。几十年的教学实践证明它对女生很适合，而对男生则总体上无用。

（二）对单一性别教育与男女混合教育的对比研究结果

1. 有关国家进行的全国性大规模研究的结果

（1）2000 年，在全国性的“英国中学会考”（由英国 16 岁的学生参加）中，每个单一性别学校都进入中学最好成绩的前 50 名，并且获得前 20 名的全都是单一性别学校，最好成绩的男女混合学校只排在第 32 名，而这已经是男女混合学校的巨大进步了，以往男女混合学校所获得的最高名次是第 38 名。此消息在 2001 年 9 月 2 日的《泰晤士报》上刊登后，引起了英国上下的一片惊呼。

受国家的委托，英国国家教育基金会研究了遍及全国的不同大小规模的学校中的单一性别教育与男女混合教育的不同类型的 2954 所高中的学生的不同学业成绩的结果，并于 2002 年 8 月公布了研究报告。结果主要有两点，其一，在控制学生的学习能力和其他背景因素后，单一性别学校与男女混合学校相比较，男生、女生的学习成绩都显著地更好。并且女生比男生得到更大的好处，与男女混合学校中的各种不同学习能力水平的女生相比较，单一性别学校的各种不同学习能力水平的女生学习成绩更好；而单一性别学校的男生中只是较低学习能力水平的男生显著地受益，对较高学习能力水平的男生的学习成绩而言，不同的学校类型没有显著的统计学差异。其二，与男女混合学校相比，女子中学的女生在非传统性别优势的课程上学得也更好，如数学、物理等。研究者认为女子学校显著地改善了传统性别优势课程的学习差异，如在男女混合学校里，女生在英语和外语等课程上有优势，男生在物理和计算机科学的课程上有优势，而在男子学校中没有看到这样的结果。英国国家教育基金会的结论是：单一性别学校有助于学生获得最佳学习成绩。

(2)2001 年,澳大利亚国家教育研究所基于 6 年中对 270000 名学生的大规模研究，公布了关于单一性别学校和男女合校比较研究报告。报告证明了在 53 个学科领域内，单一性别学校的男生和女生的平均成绩，比男女合校的男生和女生高出 22 分，并且单一性别学校的男生和女生有更好的行为表现，也更喜欢学习，课程教学与学生的性别更为适应。研究结论是：与单一性别学校教育相比较，男女合校不够适应12～16岁的男女学生在认知、社交和发展成长速度等方面的发展需要。

（3）针对上述两个研究报告，有批评者提出质疑，认为单一性别学校的一个显著特征是其学生很多都来自较高社会经济阶层的家庭，家庭背景可能会影响学生取得较高的学业成绩。英国和澳大利亚的这两个研究部门反驳说，他们的研究没有发现支持这一质疑的证据。美国的瑞澳丹教授的研究表明，单一性别的天主教会学校的女生与男女混合学校的女生相比，大都来自较低的社会经济阶层的家庭，男生没有家庭背景的差别，但都比混合学校的男女学生学业成绩好。对此，英国教育标准办公室测试了800所单一性别教育的学校和男女混合学校，以研究学生家庭的社会经济层次变量是否与单一性别学校学生的较高成绩有关。研究发现单一性别学校学生更高的学业成绩不能归结于学生家庭的社会经济层次因素，而是单一性别教育的一个直接结果，并且单一性别学校的学生引人注目地有更积极的学习态度。

针对英国国家教育基金会研究得出的单一性别教育中的女生比男生更受益的认识，格雷厄姆·阿贝力教授提出了否定性意见。他通过对英国的30个单一性别学校和男女合校学生学习成绩的对比研究，提出在控制学生家庭的社会经济阶层背景因素和其他变量因素后，单一性别学校有着显著的教育优势，男女学生的学习成绩都显著地高于混合学校，而男生的学习成绩比女生提高得更多。他认为与单一性别学校相比较，在男女混合学校的教育环境里，虽然女生普遍地超过了男生，但男女学生都处于不利的学习状态下，特别是对男生更为不利。要在教育中公平地对待男生和女生，最好是男女分开。因为单一性别教育对男生和女生都有独特的优势。

（4）牙买加的马琳·汉密尔顿教授通过对牙买加学生的研究，发现单一性别学校的学生几乎在每个测试学科中都胜过混合学校的学生，并且单一性别学校的女生学习成绩最好，单一性别学校的男生其次，混合学校的男生再次，混合学校中的女生最差。而这个结果几乎与学生家庭的社会经济层次背景无关。

2. 前后对比研究

针对一些批评者提出的用单一性别学校的学生与混合学校学生的对比研究是不够客观的意见，不少研究者还用同样的学生、同样的教师和同样的教学条件设备，进行了从混合学校教育改变为单一性别教育的前后对比研究。

（1）2000 年，美国西雅图的马歇尔小学的本杰明·赖特校长带领学校从传统的男女混合教室转换成单一性别教室，取得了引人注目的效果。赖特校长说，原来每天大约有 30 名学生（男生占 80%）因为纪律问题被送到校长办公室，他决定实施单一性别教育是希望由此减少纪律问题。他惊喜地发现，有纪律问题的学生从每天的 30 人下降到 1～2 人，似乎是一夜之间就变了，同样的学生、同样的老师，转换到单一性别的教室就立即产生了一个戏剧性的效果。此外，他发现效果并不局限在纪律的改善上，男生女生都能集中精力学习了，在全州对学生学习成绩的测试中，男生的平均成绩令人震惊地从 30 分提高到 70 分，男生的阅读平均分从 20 分提高到 66 分，男生的写作成绩在全州男生中最好，平均分从 20 分提高到 53 分。女生除数学外，各科学习成绩也显著地提高。

（2）玛特恩小学位于华盛顿特区最穷的地区，98%的学生有资格获得午餐津贴。2001 年秋季，由于可能会被上级制止，或会违反法律规定，乔治·史密斯校长没有声张就做了大胆的改变，按性别分班。结果超出了他最大胆的设想，2002 年 6 月，他的学生在最高等级的斯坦福第 9 次测试中的平均成绩，从 49 分提高到 88 分，阅读部分的学生平均成绩，从 50 分提高到 91 分。另外，纪律问题减少了 99%。2002 年 CNN 播出了史密斯校长的介绍，之后又被刊登在华盛顿邮报的头版，引起了极大的轰动。华盛顿特区的教育官员也表态，要认真研究这些变化，研究其他学校是否也有相似的变化过程。不仅是小学，蒙特立尔市的一个高中 5 年前从男女混合学校转变成单一性别课堂。转换后，旷课学生已经从转变前的 20%下降到现在的 7%。80%的学生通过了毕业考试，而转变前只有 65%。上大学的学生比例也已经提高了两倍。

众多相似的案例也在英国被证明。如位于英格兰东南部艾塞克斯的范荷斯特中学，约翰·范荷斯特校长把学校改造成两个单一性别的部分，男女分班上课。二年后，男生在中学会考中的成绩提高了 26 分，女生提高了几分，但女生仍比男生成绩好。英格兰的米尔·西尔郡中学也做了相似的实验，并取得了相似的结果。1994 年，学校分为男女两个部分，此后，学生在英国中学会考中得分高的学生从 40%上升到 79%。

2001 年 5 月，英国曼彻斯特大学又正式地研究检查了这个结果。他们把 5 所国立中小学的学生随机分配到单一性别学校和男女混合学校中，一个多月后，68%的分配到单一性别班级的男生通过了国家标准化的语言能力考试，而分配到男女混合班的男生中只有 33%通过了这个考试；分配到单一性别班的女生中有 89%

通过了考试，而在男女混合班中的女生中只有 48%通过了考试。前后对比实验研究给人以深刻印象，以至于英国教育部长将 2001 年要求教育标准办公室调查研究将男女混合学校转成单一性别学校的模式是否应该大规模地在全国推广。

3. 对单一性别学校和男女混合学校对比的理论研究

（1）美国普罗维登斯大学的社会学教授科尼利尼斯·瑞奥丹长期致力于美国单一性别天主教会学校与男女混合学校毕业生的比较研究。他的研究受到了很大关注，因为他的研究严格地控制了学生家庭的社会经济阶层、种族和入学时的能力等所有的变量，通过多种测量，他发现单一性别学校的女生始终如一地比男女混合学校的女生做得好，而单一性别学校的男生受益的效果比女生稍小些。他通过非常系统的研究证明了单一性别学校教育的好处是，处于下层社会经济家庭背景的学生最受益。富裕家庭的父母都是大学毕业并且关心孩子的学校教育的家庭的孩子一般都学习比较好，而那些单亲家庭的且父亲或母亲要做三份工作才能收支相抵的家庭中很少有大学毕业生、家庭附近没有图书馆的家庭的孩子普遍具有高风险。总之，单一性别学校使孩子能集中注意于学业，其好处是巨大的，也是显著的。

（2）密歇根大学的研究者比较了单一性别天主教会高中毕业生和男女混合学校的天主教会高中毕业生，认为单一性别高中的男生在阅读、写作、数学方面比男女混合高中的男生成绩更好，单一性别高中的女生在科学、阅读方面比男女混合高中的女生成绩更好。并且与男女混合学校的学生相比，单一性别学校的学生不仅在学业成绩上出众，而且有更高的受教育的渴望，对自己的能力更为自信，态度也更加积极。更为可喜的结果是，单一性别学校的女生更少地受到传统学科性别优势观念的制约。即使在学生毕业离开学校后，单一性别教育的良好效果仍在继续，与男女混合学校相比，无论男女学生，都更可能进入声望卓著的大学，更可能立志去研究所，也更积极地参加职后的继续教育。

（3）很多研究还宣称，单一性别学校的好处不只在学习上，更重要的是，还扩大了学生的视野，使学生能感觉自在地去探索自己的实力和兴趣，而不被传统的学科性别优势的观念所束缚。如英国的一项研究比较了 13 岁和 14 岁的学生对不同学科的态度，发现男女混合学校的学生倾向于有传统性别观念的学科选择，即男生喜欢数学和科学，不喜欢戏剧艺术和语言。而单一性别学校的男生则对戏剧艺术、生物和语言更感兴趣，同样，单一性别学校的女生与混合学校的女生相比，对数学和科学更感兴趣。

很多有切身体会的校长认为，传统的学科性别优势的观念，对学生有一个微妙的、不公平的压力，在男女混合学校里，女生倾向于对那些被认为是男生擅长的学科和相关的学习行为自觉不自觉地表现出谨慎，而男子学校里的男生就对自己在音乐、艺术和戏剧等方面的发展感到自在，并按照自己的兴趣和才能在那些可能被认为是非男子气的领域很好地发展，甚至有杰出的表现。

在男女混合学校里，谁喜欢谁、谁和谁一起出去了、谁“酷”谁不行等，都是学生经常议论的，甚至是相互之间的比赛，而在单一性别学校里就很少出现。单一性别学校的男生和女生对待学习的态度远远比混合学校的学生积极，学生的组织能力和课堂行为也得到更好的发展。

（三）单性别教育实践

1\. 男孩教育

（1）绅士教育[①]。

16 至 17 世纪，欧洲出现了一种以培养新贵族与新兴资产阶级子弟为目的的教育理论，即绅士教育论。文艺复兴时期，英国人文主义政治家埃利奥将意大利的人文主义教育思想与英国的具体实际相结合，提倡以培养具有人文主义新思想的贵族绅士为教育目标，把英国的教育推向新贵族主义的方向。绅士教育理论最主要的代表人物是 17 世纪英国的唯物主义哲学家、教育家洛克。

洛克认为，美德是一个人精神上的宝藏，礼仪则使之生出光彩，故礼仪堪称一个绅士必备的“第二种美德”。绅士教育的目的是要培养具有德行、才干、善于处理事务等品质的“绅士”，既要有健壮的身体，又要有“德行、智慧、礼仪和学问”。他提出，一个真正的“绅士”，既要有跻身上层社会所应有的道德思想与行为，具有高雅的礼貌、仪态和贵族气派，又要有实际的知识和才干，有资产阶级的创业精神，还要有强健的体魄，能吃苦耐劳。

这样的绅士，实际上就是当时英国贵族式的资产阶级“事业家”。为了造就这样的绅士，洛克主张进行体育、德育、智育和礼仪等方面的教育。洛克把德育放在绅士教育的首要地位，认为“在一个人或者一个绅士的各种品性之中，德行是第一位的，是

① 李勃. 西方国家青少年绅士教育与我国君子教育中的礼仪教育经验分析[J]. 中国青年教育，2012（4）：105-107.

最不可缺少的；他要被人看重，被人喜爱，要使自己也感到喜悦，或者也还过得去，德行是绝对不可缺少的。如果没有德行，我觉得他在今生来世就都得不到幸福”。他认为品德是一种精神宝藏，而使之发出光彩的则是良好的礼仪，如宝石之经过琢磨。为此，洛克指出，礼貌是青少年“应特别小心地养成习惯的第一件大事”。儿童见人应“脱帽与退步致敬”，举止要得体，“容貌、声音、言词、动作、姿势以及整个外表的举止都要优雅有礼”。

在教育方法上，洛克主张父母要及早地管教儿童，要运用奖励和惩罚培养儿童的羞耻心和荣誉感。他反对体罚，认为“说理”是对待儿童的正确方法，父母和导师要为儿童树立良好的榜样。他主张教育要重视良好礼仪的作用，主张绅士在培养德行与礼仪时，要多与上流社会的人交往，以便通过实践锻炼，养成良好的习惯。在教育途径上，洛克强调绅士教育只能在家中聘请优秀的家庭教师进行，从身体、道德、智力等多方面给予训练，反对让儿童到学校去受教育，以免导致“小绅士”在社会和学校受到同辈恶习的熏染而误入歧途。

随着时代的发展和历史的进步，绅士教育逐步为现代的公民教育所取代。即便如此，绅士作为一种“有教养的人”的理念却依然根深蒂固，绅士资格在一定程度上还意味着“出身+良好的行为”。虽然出身已经不再如以往那样被看重，但人们信奉只要有绅士行为的人就是绅士。沿袭至今并被公认的绅士形象和品质包括：礼仪周全，行为举止优雅、洒脱、稳重；富于正义感和责任感、行事公正；尊重和保护女性，主动为女性效劳；勇敢、坚忍、临危不惧、意志力强；自尊、诚实，重视荣誉和信用；以“体育精神”待人处事，遵守秩序和规则、公平竞争，胜不骄败不馁；

具有理性和自制力，谨慎，不失威严；慈爱、宽容和同情心，保护弱小者等。

在今天的英国，无论是在家庭教育还是在学校教育中，重视礼仪教育，按照绅士、淑女的标准来教育孩子，仍是一个特色。在英国家庭，没有对儿童的无原则娇宠，家长往往在尊重孩子独立人格的前提下，对孩子进行严格的管束，规范他们的言行。在一般家庭中，5 岁以下的孩子也不允许挑吃挑穿，到了该做什么的时候一律按规矩办事，故意犯错误和欺负幼小，都将受到严厉的惩罚。不管是对什么人，孩子必须懂礼貌，说话客气，对父母兄弟姐妹也不例外。反之，孩子将受到父母的训斥，甚至是体罚。只有懂事而且有礼貌的孩子才会受到父母的夸奖，这仅仅是英国家庭中绅士教育的一个侧面。言谈举止符合标准，对人彬彬有礼是对每一个孩子的基本要求。同时，英国人认为孩子应学会忍耐。在他们看来，作为一个绅士，如果缺乏忍耐和自我克制，是最令人瞧不起、最没有修养的。即便是孩子，如果不能学会忍耐，将来也不会有大的作为。所以，孩子大哭大闹不但不能得到父母的安慰和同情，甚至还可能遭到严厉的训斥。

（2）君子教育①。

中国传统的君子教育发端于春秋战国时期，形成于封建时期。随着汉武帝提出“废黜百家，独尊儒术”，君子及其相关的教育传统对中国的教育产生了深远的影响。

“君子”称谓并不是孔子首先使用的，在孔子以前的早期文

① 李勃. 西方国家青少年绅士教育与我国君子教育中的礼仪教育经验分析[J]. 中国青年教育，2012（4）：105–107.

献《尚书》《诗经》中就已提到了“君子”一词。它最初的含义是指大夫以上的当权者，当时并无明显的人格特征。孔子借用了这一称号，赋予了它全新的内涵，使之成为儒家培养人才的规格标准，成为儒家教育理想人格的代名词。“君子”一词按照经典的解释，即有才德者之称。《仪礼·乡饮酒》曰：“以告于先生君子可也”。注曰：“君子，国中有盛德者”。《礼记·曲礼》曰：“博闻强识而让，敦善行而不怠，谓之君子”。而《论语》中“君子坦荡荡，小人长戚戚”，“君子成人之美”等更是人们广为熟悉的。“君子”人格，正是儒家所追求的圣贤人格，贤德是其核心实质，博学而有文采，乃是形在其外。

据《论语》记载，孔子办学有四教：“文、行、忠、信”，即文化知识、行为操练、为人处事的忠心和信义。归结为一条，就是“知书达礼”。或者分为两部分，前面“文”讲究的是“知识教育”或者说是“文化教育”，后面“行、忠、信”讲的都是道德教育。孔子强调知书达礼的目的，是希求君子时时处处以伦理道德规范作为做人做事的标准。因为孔子不但非常重视君子“仁”的教育，还非常重视“礼”的教育。“不学礼，无以立”（《季氏》）。“恭而无礼，则劳；甚而无礼，则葸；勇而无礼，则乱；直而无礼，则绞”（《泰伯》）。他要求君子视、听、言、动都要符合“礼”，尽力做到“非礼勿视，非礼勿听，非礼勿言，非礼勿动”（《颜渊》）。言行举止都要注意礼仪风度，能够约之以礼。对于孔门弟子来说，若要成为君子，最重要的是有“礼”之“行”，先做好为人的最基本的事情，然后在有余力的情况下，再去学习知识。“弟子，入则孝，出则悌，谨而信，泛爱众而亲仁。行有余力，则以学文”（《学而》）。孔子从各方面严格要求弟子，无论是服饰容貌，还是待人接物，对己对人都要符合礼仪，符合君子风范。

2. **淑女教育**[①]

目前，我国很多公办和民办教育机构都开设了淑女教育课，类型大致可分为四种模式，每种模式各有其典型代表，也各有其优缺点。

第一，高职院校开设的“淑女班”。2008 年，武汉科技学院高职学院首次公开设立“淑女班”，引起社会热议。50 名身材高挑、形象气质颇佳的女生经过层层选拔，成为首批学员。从开设课程来讲，有《论语》《孟子》等国学经典，也有形象设计、形体等外形培训，还有驾驶、电脑等技术培训。该校“淑女班”的特点是，不改变学生原专业，不耽误学生专业课学习，而是利用课余时间，对 50 名学生进行全方位的培训。这样，学生既完成了原专业方面的学习，也提升了自身的形象和气质，一举两得，受到市场欢迎。这种教育教学方式，既充分利用了职业院校自身的优势，又在专业学习基础上提升了女学生的素质与技能，是一种较好的教学尝试。但是，培训数量不多，教育氛围不浓厚，培训时间有限。

第二，女子学院开展的全方位的“淑女教育”。以南京幼儿高等师范女子中等专业学校为代表。该学校前身为 1884 年创立的明德女子学院，该校多年来坚持女校办学特色，以培养淑女为教育目标，取得了很大成效。近十年来，该校经历了“淑女”到

---

① 臧玮. 溯源与展望：我国淑女教育发展述评[J]. 中小企业管理与科技，2014（29）：279-280.

“职业淑女”再到“现代职业淑女”三个发展阶段，培养模式日趋完善。经过该校师生的广泛讨论，确定了培养“现代职业淑女”的办学目标，并将其理解为：礼仪文明，儒雅友善；博爱敬业，自信自强。其中“礼仪文明”注重外在形象，“儒雅友善”讲求内在气质，“博爱敬业”兼顾事业家庭，“自信自强”是说现代淑女要有自主独立的人格。在教育教学方面，开设礼仪、形体、手工、艺术欣赏等课程，从学生入学起，就按照“公民教育”“健康教育”“职业生涯规划”“生存安全教育”“感恩教育”“淑女教育”等10个模块50多个专题开展教育活动。效果良好，受到学生和用人单位的欢迎。

第三，普通高校设立的“研修班”。清华大学、北京大学、复旦大学、浙江大学等知名学府纷纷设立“卓越女性高级研修班”“完美女性高级研修班”“白领女性塑形班”等，课程内容涉及练仪态、学防身、讲美容、做西餐等。这种方式既依托了知名教育机构的师资力量，也有助于培训对象提升人脉资源，是比较高端的淑女教育，但是收费昂贵，只有少数职场精英可以得到教育培训。

第四，民办教育机构设立的“淑女培训班”。2010年，北京“德育女学馆”成立开班，其开设课程包括如何提升女性魅力、如何化妆、如何与男性交流等，引发社会广泛关注和热议。一些教育培训机构还将目光瞄准了10至15岁的青少年市场，通过培训将女孩打造成举止优雅、言谈得体、具有艺术素养的小淑女。这类培训方式良莠不齐，收费标准不一，培训效果难言理想。

三、单一性别教育的优劣分析[①]

（一）单一性别教育的优势

第一，有利于纠正男女学生的心理健康偏差，对学生独立性的培养更有帮助。（单一性别）分班教学后，由于在教室内自由度和宽松度的相对提高，基于性别特征的个性能够得到更大的张扬；基于性别的某些男女生的不同优势，会在一定的环境下得到互补；性别特征下的集体荣誉感会更加强烈，团队精神和班级团结也能得到进一步得到加强。

第二，单一性别学校教育的方式更注重性别公平。在中学时代，其实我们经常能在学校课堂教育中感受到，大多数科目的老师，尤其是数学、物理、体育老师等，上课提问都更偏向于男学生。原因有如下两个方面：一方面是教师有对女学生“脸皮薄”的顾虑，他们担心女生站起来回答问题会害羞，回答错了又会懊恼，“抬不起头”；另一方面是现在的教师群体仍大部分以女性教师为主，女老师相对更喜欢在课堂上与男学生互动，更倾向于给男生带去更多的教学指导；有的男老师也会因为社会认同原因，一般只和男同学打成一片。这就带来了女性学生群体在一定程度上受到了教师群体的隐性忽视问题。单一性别教育能够使得这一忽视转化为重视，帮助女学生更好地实现自我定位，尤其是社会角色的转换。

第三，单一性别教育为青少年学生创设了恰当的青少年文化和学校氛围。

---

① 蒋凌燕. 基于单一性别教育的校本课程开发个案研究[D]. 西安：西安外国语大学，2016.

第四，可以使学生，尤其是女生获得更大的自治。

第五，单一性别学校能消除学生因异性的存在而分散注意力的情形，并且能让老师根据男生或女生可能存在的不同学习风格调整与其适应的教学计划，因而使学生更能专注于书本，从而提升学业成就与改善行为表现。

第六，单一性别教育有利于女生建立自信心，有助于男生的团结，形成团体凝聚力。

（二）单一性别教育的劣势

第一，虽然在单一性别教育环境中，可以更好地依据性别差异选择恰当的教学材料、运用合适的教学策略，但是另一方面可能会忽视了两性的弱势，同时又强化了性别刻板印象。

第二，男女分班教育非常模式化，对男生和女生不同的纪律要求和教学实践通常是建立在教育者对性别特征的传统理解上，男孩子应该怎么学、女孩子应该怎么学，都落入了一个模式中，因此是一种倒退。

第三，由于政策原因，有些学生并不是自主选择进入单一性别学校或是单一性别班级，甚至有些学校或班级不过是“问题少年”的收留所。

第四，我国有学者认为这种做法有违人性。社会本身就是两种性别组成的混合体。无论是人类一般的社会生活还是有意识的社会生产劳动，都需要两性协同作用完成。而单一性别教育人为地阻断了男女之间的交流，这只会走向通过教育提升与促进人的全面发展这一根本目的的反面。

第二节　双性别教育

一、双性化教育的理论依据

在心理学上，双性化是指一个个体既具有明显的男性人格特征，又具有明显的女性人格特征，兼有强悍和温柔，果断和细致等性格，按情况需要而作不同表现。双性化教育思想认为过于严格、绝对的性别定型观念，会限制青少年儿童的智力和个性健康的发展：过于男性化的男孩和过于女性化的女孩，其智力、体力和性格的发展一般较为片面，智商、情商均较低，具体表现为：综合学习成绩不理想（特别是偏科现象严重），缺乏想象力和创造力，遇到问题时要么缺少主见，要么固执己见，同时难以灵活自如地应付环境。相反，那些兼有温柔、细致等气质的男孩，兼有刚强、勇敢等气质的女孩，却大多智力、体力和性格发展全面，文理科成绩均较好，往往受到老师和同学的喜爱。成年后，兼有“两性之长”的男女在竞争激烈的现代社会里，更能占据优势地位。

20 世纪后半叶，一些心理学家十分注重女权运动者的热情，但又担心单纯的政治热情没有多大的说服力，总想用心理实验的材料科学来说明两性心理差异的意义。于是学者在男女心理性度评估与测量的基础上提出了两性化人格的假说。1964

年，罗西（A.S.Rossi）第一次正式提出“双性化”这个新概念，针对传统的“单性化”，他认为个体可以同时拥有传统男性和传统女性应该具有的人格特质。研究“双性化”最具代表性的人物——美国心理学家桑德拉·贝姆（Sandra. Bem）设计了第一个测量双性化的心理量表——“贝姆性别角色量表”，通过实证研究证实双性更有显著的独立性，能较好地表现女性气质，并有强烈的自尊感。此后，司本斯、霍尔、斯比尔斯、佩里等心理学家的研究表明，双性化者在心理健康、自尊、适应能力等方面都优于单性化者。

20 世纪 80 年代末，“双性化教育”这一家庭教育新理念在美国开始流行。《2003-2004 年全民教育全球监测报告》中，联合国教科文组织提出教育权利之意义及其领域内性别完全平等的四条标准，更给人们对儿童实施“双性化教育”以理论和实践上的有力指导。在我国，尽管起步较晚，但是一些学者做出了很大的努力和贡献，他们通过对多种人格特征比较后也一致得出：双性化人格对绝大多数人来说都是一种理想的性别角色模式，这就为两性的成才及个性发展提供了心理依据和发展方向。①

目前，大量的研究证据都支持双性化是最有利于心理适应的性别角色类型。②

① 曹海峰. 论双性化理论对我国性别角色教育的启示[J]. 湖北社会科学，2009（1）：169-171.

② 盖笑松，王晓宁，张婵.走向双性化的性别角色教育[J]. 东北师范大学学报（哲学社会科学版），2009（5）：227-231.

（一）性别角色与心理健康关系的研究

杨玲、王雄雄[①]采用钱铭怡等人编制的中国大学生性别角色量表（CSRI）与 SCL-90 量表对 220 名在校大学生进行了测查。结果表明：大学生中，双性化者心理健康最佳，其次为男性化、女性化以及未分化。卢声达、袁立新以 355 名大学生为被试，考查了性别角色特质与心理健康的关系。结果显示，双性化与男性化者比未分化和女性化者心理健康更好[②]。闻名晶在大学生的性别角色类型与心理健康的关系研究中发现：男性化、女性化、双性化和未分化四种性别角色类型的大学生心理健康水平存在显著差异，双性化类型的大学生心理健康水平最高，是最佳的性别角色模式[③]。

（二）性别角色与主观幸福感关系的研究

杜军、谢继红采用性别角色量表和主观幸福感量表对 4 所不同类型院校大学生的性别角色取向及主观幸福感进行了测评，发现对男生而言，双性化取向的男生积极情感得分更高；对女生而言，男性化水平高的女生积极情感得分更高[④]。许婵贞在大学生性别角色类型与自我价值感、主观幸福感的关系研究中发现：作为男女正性特质高度结合的双性化个体，其主观幸福感水平和总

---

① 杨玲，王雄雄. 大学生性别角色与心理健康水平关系的研究[J]. 高等理科教育，2005（05）：23-27.

② 卢声达，袁立新. 性别角色与心理健康的相关研究[J]. 健康心理学杂志，2002，10（06）：470-471.

③ 闻名晶. 大学生的性别角色类型与心理健康的关系研究[D]. 长春：东北师范大学硕士学位论文，2006：22.

④ 杜军，谢继红. 双性化对大学生主观幸福感的影响[J]. 中国健康心理学杂志，2008，16（02）：187-189.

体自我价值感、个人取向的一般自我价值感都是最高的，再次证实了双性化是理想性别角色类型[①]。

（三）性别角色与社会适应关系的研究

余小芳[②]选取江西省某高校在校大学生为被试者，用大学生性别角色量表和社会适应问卷进行调查，发现双性化类型的学生在心理健康和社会适应性方面，都优于男性化类型、女性化类型与未分化类型的学生，这说明双性化类型是最理想的性别角色模式。

（四）性别角色与人际交往关系的研究

韩爱晶以中学生为被试，通过问卷调查，探讨中学生双性化人格与人际交往能力及社会适应能力之间的关系，研究结果表明：双性化人格特征的中学生人际交往能力最强、社会适应能力最好[③]。张赫采用贝姆性别角色量表和人际关系综合诊断量表对大连某高校 198 名大学生进行测查，结果表明双性化个体在人际和谐性上明显优于其他个体，是一种心理健康的理想模式[④]。

（五）性别角色与情绪关系的研究

王红瑞采用贝姆性度量表(BSRI)、Zung 氏抑郁自评量表(SDS)和 Zung 氏焦虑自评量表(SAS)对西北某学院的大学生进行调查，

---

① 许婵贞. 大学生性别角色类型与自我价值感、主观幸福感的关系研究[D]. 广州：华南师范大学硕士学位论文，2007：45.

②余小芳. 性别角色的鉴定及其与心理健康、社会适应的关系研究[D]. 南昌：江西师范大学，2004：29.

③ 韩爱晶. 中学生双性化人格与人际交往能力及社会适应能力之间的关系研究[D]. 兰州：西北师范大学，2007：32.

④ 张赫. 大学生性别角色与人际和谐性的关系研究[J]. 中国健康心理学杂志，2008，16（03）：245-247.

结果显示双性化人群的抑郁焦虑水平最低，其次是男性化人群，女性化人群，最后是未分化人群[①]。由此可见，双性化人格特质者具有积极健康的情绪状态。余小芳等采用大学生性别角色量表（CSRI）、焦虑自评量表（SAS）和Beck抑郁问卷（BDI）对366名大学生进行测查[②]。结果显示男女生在性别角色类型分布上差异不显著；正性的男性化特质或女性化特质与焦虑、抑郁都存在显著的负相关；双性化与男性化者比女性化与未分化者焦虑、抑郁水平低。

（六）性别角色与人格特征关系的研究

贝姆通过"压力与遵从实验"（1975）、"善听者实验"（1976）和"自尊感研究"（1977）[③]得出以下结论：（1）男性化和男女双性化的被试都比女性化的被试具有更显著的独立性。（2）男女双性化者表现得体、有修养。（3）男女双性化者和男性化者往往比女性化者和未分化者的自尊感更强，即双性化者同时具有男性和女性特质的积极方面，他们既是独立的，又富有同情心，而且自尊感很强。

马锦华在研究了大学生双性化人格之后认为：双性化人格模式的个体在自信心、安全感方面明显优于女性化和未分化类型的个体，在高自信和安全感的人数百分比上明显高于男性化，而在

① 王红瑞. 大学生双性化人格特质与情绪状态的相关研究[J]. 山东省青年管理干部学院学报，2005，（01）：49-50.

② 余小芳，邓小农，王立皓. 性别角色与焦虑及抑郁的相关研究[J]. 中国学校卫生，2004，25（1）：39-40.

③ 贝姆的"压力与遵从实验"（1975）、"善听者实验"（1976）和"自尊感研究"（1977）均引自：L .Gender. Schema Theory ：A cognitive account of sex typing[J]. Psychological Review，1981（88）：371.

低自信和缺乏安全感的人数百分比上明显低于男性化[①]。王学使用大学生人格健康问卷（UPI）、自信心测验问卷进行研究后发现：双性化人格模式的个体在自信心、自尊感、独立性、人格健康等方面优于男性化、女性化和未分化类型的个体。因此，他认为双性化个体的健康水平是比较高的[②]。

上述研究结果表明，性别角色双性化者自我评价较高、适应能力较好，而且比较受欢迎，比那些在性别特征上较为传统的人更能适应多变的外界要求。此外，双性化者抑郁焦虑水平较低，心理健康水平较高。因此，性别角色的双性化模式是最佳的性别角色发展模式，双性化是每个人都应该追求的理想状态。

二、推动“双性化”教育的具体举措

（一）学前教育机构及其教师可以创设有利于培养儿童双性化人格的环境[③]

首先，教师可以在不影响儿童与同性伙伴交往的前提下，利用玩具的性别类型以及儿童与两种性别同伴间的搭配，增强儿童与异性同伴互动的经验，促进儿童跨性别游戏行为的获得。Serbin 在测量游戏行为的性别类型与 WPPSI 和 PEFT（韦氏学龄前及初小儿童智力测验）认知量表之间的相关性后发

① 马锦华. 大学生双性化人格模式与心理健康关系探析[J]. 安徽教育学院学报，2001（7）：87-89.

② 王学. 当代大学生人格建构的理想模式——双性化人格[J]. 现代大学教育，2004（4）：86-88.

③ 傅锐，付建敏. 同伴配对对儿童性别角色行为的影响[J]. 幼儿教育（教育科学），2009（1、2）：68-72.

现：男性化玩具与空间知觉和想象等能力的发展相关，而女性化玩具与语言会话能力的发展相关。与异性同伴组合一起游戏有利于儿童降低性别刻板印象的约束，增进对于异性行为特点和性格特征的了解，并通过亲身体验反性别刻板化的游戏行为，获得学习异性心理特征“优势”的机会。从行为体验入手发展男孩和女孩灵活的“双性化人格”，可以说是一种具有可操作性的方法，它可以帮助儿童获取混合的传统上与每种性别都相关联的优良品质。这将是帮助儿童意识到自身潜能的重要良方。

其次，教师应意识到自身所扮演的性别角色模式，尽量避免典型的性别化倾向。在幼儿园，男女教师分别取代父母的性别角色，成为儿童认同、模仿的对象，特别是教师对待不同性别儿童时所采取的不同互动方式，在极大程度上对儿童的性别社会化产生了影响。根据皮格马利翁效应理论，儿童往往容易把自己塑造成教师所期待的形象。

最后，教师在设计课程目标时，注重鼓励儿童关注异性的“性别”优势，克服自身性格的“软肋”。值得提醒的是，双性化教育并不是把男孩当成女孩培养，也不是把女孩当成男孩培养，而是要使一个人身上同时具备传统男性和女性身上的优秀品质。

（二）角色游戏中展现人物双性化人格的“情境”安排[①]

幼儿园角色游戏是幼儿在教师的指导下模仿真实的社会角色，反映人们的社会生活的活动。角色游戏能帮助幼儿理解社会

① 胡晓萍，岳训涛．幼儿园角色游戏中的性别认同与双性化教育[J]．教育导刊，2012：31-34.

对不同角色的期望和要求，加深幼儿对人与人之间相互关系的认识，丰富幼儿对周围生活的感知，让幼儿在快乐玩耍的过程中学会做人做事。通过游戏促进儿童性别恒常性发展，培育其双性化人格，可以达到事半功倍的效果。

问题在于，已有的幼儿角色游戏中，强化性别认同的游戏在培育幼儿的双性化人格方面往往显得力不从心。如传统的“过家家”游戏能够让幼儿明白自己长大后是当爸爸还是当妈妈，爸爸和妈妈的角色规范有什么不同。为了便于幼儿识别，这类游戏中的人物角色大都具有鲜明的性别特征，并且总是与特定的性别形象和活动关联，如妈妈穿裙子、抱婴儿，爸爸留短发、当警察等。这类游戏对于培养幼儿的性别角色意识和性别恒常性发展有很大的帮助，但也容易形成性别刻板印象，不利于幼儿双性化人格的培育。因此，必须对传统的幼儿园角色游戏进行创新，才能同时满足儿童性别恒常性发展的需要和儿童双性化人格培育的需要。

解决的办法之一是在传统的性别认知类游戏中加入“公共情境”情节，以消除此类游戏中性别刻板印象对幼儿的影响。例如，传统的“过家家”类游戏中，幼儿模仿他们所熟悉的家庭生活，如烧饭、照顾娃娃、打扫卫生、招待客人等，通常幼儿会根据自己的生活经验分派角色。观察表明，幼儿园大班儿童在自由分派游戏中的人物角色时已表现出明显的性别倾向。如在家里，妈妈干较轻的活，爸爸干较重的活；妈妈照顾婴儿，爸爸修理电器等。为消除性别刻板印象对幼儿的影响，可以在“过家家”类游戏中设置一个有关“家庭决策”的“公共情境”，要求“爸爸”和“妈妈”拥有平等的决策权，鼓励扮演“妈妈”角色的幼儿果断地做出决策等。双性化游戏情节的安排可以使幼儿懂得，虽然“男孩长大后要当爸爸，女孩长大后要当妈妈”是不可改变的事实，但女孩也可以拥有男孩的优良品质如，顽强、果敢、不怕吃苦、不惧困难、勇于挑战自我等；男孩也可以拥有女孩的人格优点如，温和善良、耐心细致、善于团结、善解人意等。

其次，在传统的“职场游戏”中加入“双性化”元素可以帮助幼儿改变社会性别刻板印象。幼儿园角色游戏中有很多属于“职场游戏”，如理发店、公交车、超市、医院等。通常幼儿会根据自己的观察，安排男孩当理发师，女孩洗发；安排男孩当司机，女孩售票；安排男孩当搬运工，女孩当收银员；安排男孩当医生，女孩当护士等。这种安排实际上是性别刻板印象的表现。教师可以通过有意识鼓励儿童从事与传统观念不同的职业来消除性别刻板印象。如一群孩子在玩消防员救火的游戏，通常男孩在游戏中扮演消防员，女孩扮演火中需要营救的受困者。若此时有女孩子对消防队员的角色有兴趣，想扮演消防员穿过大火去救人，教师应当鼓励和支持，并对她的勇敢表现大加赞美。同样，在医院游戏中，鼓励男孩去当护士，并对他的细致耐心加以赞美。通过游戏让幼儿明白，虽然男女在身体上会有差异，但在智力和人格方面，两者是平等的。男孩能做的事，女孩也能做。

其三，帮助幼儿在游戏中区分“公共场合”中的“私人情境”，以及“私人场合”中的“公共情境”，以促进儿童性别气质和双性化人格的培养。如前所述，“私人情境”是指与个体性别特征和性别气质相关的事件，如穿着打扮，礼仪等。两性的性别特征不能混淆，女孩要有女孩的样子，男孩要有男孩的样子，否则会使认知水平不高的幼儿出现性别认同障碍，在人际关系上发生问题。应当强调，幼儿“双性化”教育不是倡导服饰、发型等表层特征的双性化，而是指内在的人格特质的双性化。因此，幼儿园角色游戏设计应当有利于幼儿表现自己的性别气质，如女孩子的温和、优雅、细腻和认真，男孩儿的勇敢、坚毅、粗犷和责任感，在保留、完善自身性别的仪态特征和心理特征，保证自身性别特征发展完满的基础上，追求双性化人格。

第三节　性别平等教育

一、性别平等教育的理论溯源

（一）女性主义思潮

西方社会的女权运动是女性主义理论的实践基础。女性主义各流派的理论观点各具特色，政治主张有同有异。它们之间有着最根本的一致性，但又有很多不同之处。它们代表着不同国家、不同肤色、不同阶级的女性群体，向社会发出不同的声音。

1. 自由主义女性主义的平等教育观

自由主义女性主义是指由自由主义思潮发展而来的女性主义思潮。自由主义女性主义是各女性主义流派的起点。其主要代表人物有 18 世纪英国的玛丽·沃斯通克拉夫特，其代表作为《女权辩护》；19 世纪英国的约翰·穆勒，其代表作为《妇女的屈从地位》；20 世纪美国的贝蒂·弗里丹，其代表作为《女性的奥秘》。

自由主义女性主义的平等教育观认为：妇女是人（human being），具有理性，理性是妇女以及所有人类的共通本质（common essence），而妇女的性别是次要的，乃至于偶然的属性。首先，自由主义女性主义者从自由竞争观点出发，认为有必要排除就业市场上对女性的各种限制。其次，自由主义女性主义强调教育、法律的不公平是女性受压迫的根源。再次，对家庭角色的反叛。贝蒂·弗里丹认为："父权文化塑造快乐的、满足的、幸福的家庭主妇形象，使得女性自幼便向往这个形象。而这个理想的形象是男权文化塑造的，母亲照料孩子的传统责任是由文化决定的，而不是生理上的必然。女性可以同时兼顾家庭与事业，并以事业为主"。因此，在此主张中所需重视的是性别的人权意识，只有在自由的基础下，性别才能获得平等。

2. 激进女性主义的平等教育观

与自由主义女性主义相比，激进主义女性主义在对男性中心社会的批判上取得了很大的突破。激进女权主义诞生于 20 世纪 60 年代末至 70 年代初，激进主义女性主义认为主张父权是人类社会对女性最早、最悠久、最根本的压迫，该主义企图找出妇女摆脱压迫的途径。激进女性主义的另一个重大贡献则是将性别的议题，特别是与私领域、身体、性有关的议题，如师生权利关系、生产怀孕、性骚扰等，带入教育场域进行探讨。激进女性主义流派的主要代表人物及著作有：凯特·米丽特的《性政治》；盖尔·鲁宾的《女人交易》；舒拉米斯·费尔斯通的《性的辩证法》。

激进主义女性主义对父权有深刻的认识。首先，它认为性别压迫是其他压迫的基础，父权制度是妇女受压迫的根源，而非资本主义才是妇女受压迫的根源。其次，父权制度的主要支柱是"性政治"。激进女权主义者提出了"个人即是政治的"口号，即两性关系如政治关系一样存在压迫，是一套男人支配女人的人际权力制度，通过家庭、学校等场所将男性支配女性的意识形态合理化，从而顺从传统文化所规定的气质、角色和特性。再次，父权社会对妇女的压迫建立在生物性的基础上，认为男女不平等是由性别和生理差异造成的，生育造成妇女身体虚弱，使其为了生存不得不依赖于男人。最后，激进主义女性主义还欲以雌雄同体取代两极化的两性。激进女性主义系植根于女性从生理与心理根深蒂固的压迫，女性为体制中的弱势者，唯有摆脱压迫，才能获得平等。

3. 马克思主义女性主义的平等教育观

马克思主义女性主义，主要指西方坚持用马克思主义经济基础与上层建筑的结构来分析解释女性受压迫和女性解放的学说。其代表人物及著作：安·弗尔曼（Ann Foreman）的《异化的女性气质：马克思主义和精神分析学中的妇女和家庭》，玛格丽特·本斯通（Margaret Benston）的《妇女解放的政治经济》等。

关于马克思主义女性主义的平等教育观，女性主义之论述各家不尽相同，但基本上有几个共同的诉求，包括：废除私有财产制、提倡情爱自由、革除婚姻家庭制度、组织公社，以及打破男女分工。Barrett 指出，所谓“马克思主义女性主义”的重要性在于女性主义者可以吸取马克思对自由主义一针见血的批判，并由此觉悟妇女运动奋斗的目标在于追求妇女与全人类的解放，而非政治上零碎的改革。传统中，对妇女的束缚或所谓“妇德”，成为压榨女性的枷锁，透过制度的挑战，以获得平等之需求。

4. 存在主义女性主义的平等教育观

存在主义女性主义以波伏娃的《第二性》为代表作，主张没有永恒固定的女性气质或女性宿命。在书中，她首先从生物学的角度探讨了雌雄两性的性生活，驳斥了将女性等同于子宫或卵巢的本质主义观；接着，她介绍了精神分析学的妇女观，质疑了弗洛伊德的恋父情结，指出他的观点是以男性为中心的“性一元”论。透过存在主义，“女性可以体认自己存在的价值，不同的性别均有其生命意义，不应该为另一性别宰制”。

除了上述四项女性主义外，一些女性主义融合不同的声音，尝试以多元角度诠释性别的见解，诸如社会主义女性主义也意识到没有一个简单的方法可以解决妇女压迫的问题，它企图融合马克思主义、激进女性主义和精神分析女性主义理念，使长久以来有各种歧义的女性主义流派或有机会达成和谐。此外，女同志理论（lesbian theory）伴随着20世纪70年代激进女性主义之发展而崛起，生态女性主义不仅关心公害防治和生态保育，更探讨女性与自然双重被宰制之间的意识形态关联性，追求人与自然的永续共存。综上所述可知，女性主义的兴起来自女性对自己的自觉，以及长期压迫下的反动。然而，在现今性别平等教育的基础上，更需着力在性别尊重与关怀、人权平等下的性别平等。

（二）多元文化主义观

建立女性的主体性，追求男女平等，是妇女运动以及女性主义所致力追求的目标，但在现代社会中，性别事实上是多元文化中的一环，如何面对除了性别之外的其他存在，学习面对冲突与做出选择，也是十分重要的学习。多元文化教育正是植根于民主价值与信念的教育改革运动，它的目的是在文化多元的社会和交互依赖的世界中促进文化的多元观。学生在这样的学习中，不仅建立自己的主体，熟悉自己的文化，同时也能了解其他各种不同的文化，以消弭性别、种族、宗教、社会阶层、性取向等方面存在的偏见和歧视，达成人人平等、世界和平的理想。[①]

二、我国台湾地区性别平等教育的开展状况

学术界在讨论性别平等教育时，一直认为台湾地区的性别平等教育成效显著。所以，本书以台湾的性别平等教育的开展情况为例来介绍性别平等教育。台湾地区性别平等教育的实践探索并不仅限于教育场域，它还是集公领域、校园领域、立法于一体的实践活动。

（一）性别平等教育在台湾地区的兴起与发展

1. 性别平等教育在台湾的兴起

台湾的性别平等教育运动始于 1988 年，台湾妇女新知基金会对中小学教材两性观进行全面检视，发现其中存在严重的性别不平等问题。妇女新知基金会遂召开公听会公布检视结果，并出版《两性平等教育手册》，除了呼吁教育部速改进教科书内容之外，另提出开放民间编印教科书的诉求。妇女新知基金会深知徒有好教材不足以施行性别平等教育，教师才是传递正确两性观的灵魂人物，因此亦开始关心教师的角色，举办教师培训营等活动。

2. 性别平等教育在台湾的发展

大学的性别研究组织是推动性别平等教育的主力军，最早开设性别平等议题的是顾燕翎教授在台湾交通大学开设的“两性社会关系”课程，以此为开端，台湾地区性别平等教育获得空前发展。

---

① 刘一博. 台湾性别平等教育及启示研究[D]. 长春：长春师范大学，2015.

随着台湾地区性侵害犯罪率的逐年上升，特别是 1996 年底发生的彭婉如事件，暴露出妇女人身安全长期以来严重缺乏保障的事实。在巨大的民意压力和社会推动下，台湾“立法院”在 1996 年通过了台湾《性侵害犯罪防治法》。根据台湾《性侵害犯罪防治法》的规定，性侵犯犯罪防治法侧重受害者之救援保护以及相关教育的实施，及在该法规定中小学每学年必须实施至少 4 小时之相关教育，其内容包含两性平等教育。但以台湾《性侵害犯罪防治法》作为推动性别平等教育的法源基础，略显薄弱，也造成一般人以为性别平等教育只是性骚扰或性侵害的防治。为了保障该法案的推行与落实，1997 年 3 月 7 日台湾成立两性平等教育委员会(2000 年更名为性别平等委员会)。凡办理基层教师研习、课程教材研发、性别平等教育资源学校的成立、性别平等教育季刊的推出、相关课程的开设、中小学教科书的检视，都是该委员会的事。虽然性别平等教育议题之能见度与落实情况因此大幅提升，但因为法规不足，对性别平等政策与措施的发展与推动缺乏制度性的保障，台湾“性别平等教育委员会”的委员们提案立法，历经 4 年的拟定、研修、与游说等过程，终于促使台湾“立法院”于 2004 年 6 月 25 日颁布了台湾《性别平等教育法》。

（二）校园场域中的性别平等教育

台湾从 20 世纪 70 年代开始，陆续出现诉求性别平等的声音，直至近年愈趋成熟。台湾性别平等教育之发展，历经台湾妇女新知基金会、台湾大学妇女研究室、台湾清华大学性别与社会研究室的成立与推动，例如，1988 年台湾妇女新知基金会发起“中小学教材两性观全面检视”活动，并呼吁两性平等教育，1996年教改总咨议报告书出炉，落实性别平等教育被纳入其中，同年并通过台湾《性侵害犯罪防治法》，自此有了初步的法源基础。这些行动逐渐使更多人意识到社会长久以来对妇女不合理的压制与期待，政府部门也开始有一些回应。

1. 性别平等教育在校园场域的开展

在台湾地区，性别平等教育发轫于大学教学。台湾的性别平等教育工作的推动，若从1997年台湾“教育部”成立“两性平等教育委员会”算起，至今已超过二十多个年头，而2004年台湾《性别平等教育法》的施行，更将性别平等教育推至法治化的阶段，性别平等教育已进入各级学校教育之正轨。2000年4月发生在屏东县高树中学的叶永志事件，凸显出一个长久以来一直存在于校园现场的重要问题，就是性欺凌的普遍存在；而这个案件，也促使台湾的教育界思索性别平等教育工作应纳入“多元性别”的议题，以关怀更多性别弱势者。跟性别平等教育密切相关的欺凌事件，常见的样态之一就是：具有非传统阳刚特质的男性学生在学校常受到同学之嘲弄、欺负或排斥，要促进“性别地位之实质平等”，就要预防这类事件在校园中发生。

另外一个例子，就是台湾大专院校常会举办亲善大使或礼宾小姐的选拔与训练活动，学校投注资源经费训练女学生加强仪态来为学校做接待宾客的劳动服务，这其实是不恰当的“反教育”活动，间接强化“女人靠外貌与身材来肯定自己的存在”的迷思。台湾《性别平等教育法》第17条规定：“学校之课程设计及活动设计，应鼓励学生发挥潜能，不得因性别而差别待遇……”所以学校刻意引导女学生发展“接待服务”之专长，明显是“因性别而有差别待遇”，也有违“促进性别地位之实质平等”之精神。

2006 年 4 月，台湾“教育部”曾发函各级学校，要求学校在办理礼宾大使、校园美女等选拔或甄选活动时，“应顾忌不同性别气质及性取向之多元价值，以避免性别刻板印象之复制，以营造性别平等的学习环境。”通过教育的过程，我们希望女性都能喜爱自己的身体，不会因为身材、外貌或性别气质而影响自我认同，接纳多元样貌体态呈现的事实，但不幸的是社会的主流文化却又常常只用单一标准评判美丑，会让女生竭尽心力追求特定的身体意向，却忽略了自己的无限潜能。

学校决策单位应打破“礼仪需与美貌挂钩，服务需以装扮为前提”之迷思，积极教育学生改变观念。

2. 性别平等教育课程的设置

（1）台湾性别平等教育的课程目标。

性别平等教育目标是通过教学与学校课程来实现，在 1998 年 9 月颁行的纲要中，“性别平等教育”获得了合法地位。

在纲要中，性别平等教育课程所要达成的目标，着重于认知、情意、行动三个层面：

①认知层面：借由了解性别意义、性别角色的成长与发展，探究性别的关系。了解自己的成长与生涯规划，可以突破两性的社会期待与限制；了解性别角色发展的多样性与差异性；探究两性发展与互动之相关议题。

②情意层面：发展正确的性别观念与价值评断。珍惜自我并能尊重他人；表现积极的自我观念，追求个人的兴趣与长处；消除性别歧视与偏见，尊重社会多元化现象。

③行动层面：积极拓宽个人生涯选择范围，不受性别角色刻板化的影响；活用各种资源，培养危机处理的技巧与能力；批判

各种社会意识所产生的不正当性别观念。培养批判、省思与具体实践的行动能力。

性别平等并不是把男生女生变得一样，性别平等教育的目的，乃是希望通过教育的方式，教导大家适切的性别认知，破除社会文化长期以来因为男女生理差异所建构出的性别角色刻板印象及衍生出的性别偏见与歧视，进而建立和谐、平等的性别关系。

（2）核心能力及内涵。

台湾“教育部”于1998年9月30日公布《国民教育阶段九年一贯课程总纲纲要》（以下简称《纲要》），决议将环境、两性、资讯、人权等课题融入七大学习领域之中。因此，在此次课改中，将两性教育的内涵与理念融入《纲要》中，并发展适宜各阶段的两性教育学习能力指标，以体现多元文化的教育理念。

至于性别平等教育的核心能力指标包括：①性别的成长与发展；②性别的关系与互动；③性别角色的学习与突破；④多元文化社会中的性别平等；⑤两性权益相关议题。

性别平等教育能力指标所欲达成之课程目标，前期能兼顾认知、情意及行动三个层面，后期中等学校性别平等教育能力指标是延续、深化九年一贯课程，除原有的认知、情意及行动等三个层面外，此学习阶段更重于情意与行动的部分。

（3）性别平等教育课程的主要内容。

台湾高雄师范大学性别教育研究所所长在《性别教育最前线》一书中提道：“性别平等教育的具体内容，就跟其他课程一样，需要考量到施教者、受教者以及整体的社会文化因素，举例而言，对小学生、中学生或是大学生所做的性别教育，当然会有不同的教材教法”。例如在小学阶段，揭示并破除性别刻板印象加上防治性侵害是首要之务，中学或大学的阶段则应该配合学生所需与当今社会文化的变迁，设计不同而有效的性别教育内涵。

目前中小学课程中，融入性别平等教育议题的学习领域，以综合活动、社会、健康与体育及生活课程居多，数学、自然与生活科技、语文则较缺乏。在高中，依据1998年课程《纲要》的规定将设有“性爱与婚姻伦理课程”提供给学生选修，以培养学生适当的性、性别、爱情与婚姻伦理观，教导学生探索性与爱的关系等议题。

在大学，则通过通识教育开设许多与性别平等教育有关的课程，如：性别教育、性别关系、婚姻与家庭、爱情社会学等，教导大学生对于性别的多元认知，进而能产生实际的行动投入，参与社会改造运动；此外，许多学校设有“性别研究室”或“性别研究中心”（如台湾大学的妇女研究室、台湾中央大学的性别研究室）。

此外，台湾很多大学大多较早开设性别平等教育研究，还开设了相应课程，台湾大学在1997年开设“妇女与性别研究”学程，授课对象包括本科生、硕士生与博士生。学程包括“性别、医疗与健康”“身体—城市”“女性与中国社会文化”等11门具体课程。其学程表现出以下特点：（1）学科形式丰富，理论、实践并重；（2）跨学科课程，开启各学科间的对话；（3）课程设计视野多元；（4）注重学生的主体性地位。指定之教科书包括《性属关系》和《女性主义经典》两本，其中《性属关系》分为上下两册，上册为“性别与社会、建构”，下册为“性别与文化、再现”；《女性主义经典》，由顾燕翎、郑至慧主编，包括七章的内容：女性意识的觉醒；性别角色的反思；父权体制中的女体等。

台湾高雄师范大学“性别教育研究”学程是亚洲第一个从事性别平等教育专业高等学术研究单位——台湾高雄师范大学性别教育研究所，也是一个性别平等教育师资培养及相关主题推动专才训练的园地。课程包括性别教育研究、性别研究法、女性主义理论研究等；选修课分成基础核心课程，课程、教学与辅导及社会、文化与行动三个方面。台湾静宜大学也开设相关性别课程，例如：性别与文化、性别关系（社会与公共秩序），课程内容丰富多样，为学生提供了广泛的选择，为性别平等教育的展开打下了良好的基础。值得一提的还有台湾两性平等教育委员会创办的《两性平等教育季刊》，自 1998 年创刊至今，其主要分为三部分：一是相关理论的研发与介绍；二是落实行动的记录与讨论；三是生命/生活的分享与反思。创刊至今已有 14 期，其中有许多文章适于作为性教育的素材。

性别、性学与性别教育相关研究所的陆续成立，都在各自的岗位上共同地积极推动性别研究与活动以及相关课程与研习。这些从小学到大学的性别平等教育可以增加师生对于性别多元平等经验及价值之理解，共同为打造一个性别平等文化体制而努力。

（三）公共场域中的性别平等教育

台湾性别平等教育除了在校园开展得如火如荼外，公领域所涉及性教育的内容也包括多个方面。据游美惠在《性别教育》中提到，许多女生或许都曾有过在学校或公共场所如厕时面临排长队的经验，男生或许也会经历或看见女生要排很久的队伍上厕所，但男生却不会有如此的画面。这是因为忽略了男女生理构造上的差异、服装穿着的文化规范与如厕需求的不同等，这些来自生理差异与需求以及文化规范女性特质下的服装装扮，使得女生如厕的时间较男生长。因此，如果把女性厕所间数盖的多一些，就不会产生女生排长队的现象，这就是缺乏从女性经验与观点来建设公共设施的盲点，也是造成社会中许多不平等现象的原因之一。[①]

① 刘一博. 台湾性别平等教育及启示研究[D]. 长春：长春师范大学，2015.

第五章
当前社会性别热点现象解读

第一节　男孩危机

一、“男孩危机”的提出

“男孩危机”的提出并非产生于中国，其影响也非中国独有，已成为一种国际现象。追其溯源，它在真正意义上被提出，是始于 20 世纪末期的西方社会。根据李申儒的研究，1998 年，哈佛大学心理学家威廉·波拉克就在《真正的男孩》一书中指出，当代男孩在性格上表现得不如女孩勇敢、积极，导致其在成就上远逊于女孩。2003 年，美国《商业周刊》也发文指出，美国各地的女生在学习方面似乎建立了一个罗马帝国，而男生则像古希腊一样日趋衰败。美国新泽西州罗格斯大学人类学教授莱昂内尔·泰格则在其《男性的衰落》一书中指出，在现在的教育体系中，女生表现得越来越好，男生表现得越来越差。由此可见，“男孩危机”的提出并不是凭空的，欧美一些国家甚至因此出台了“拯救男孩计划”。

李文道、赵霞指出，英国、美国、澳大利亚等国是最早注意到男孩在学习方面存在弱势的国家。1996 年，英国皇家首席督学明确表示，男生的学业失败是英国整个教育系统最受重视、最不容易解决的问题之一，英国下议院甚至进行过相关讨论。2007 年，美国《时代周刊》也以“男孩迷思”为题，讨论了男孩在各个方面的落后，并提出恢复男孩天性、发展良性竞争等方案。澳大利亚政府在进行了一系列行动调查的基础上，发布了一份名为《男孩，正确地成长》的报告，不仅提出了具体的相关政策，而且实施了有效的相关行动，以正确引导男孩成长。

二、“男孩危机”表现

通过对已有研究成果的统计分析发现，“男孩危机”的表现主要集中在学业危机、体质危机、心理危机和社会危机四个方面。

（一）学业危机

学业危机是“男孩危机”中表现最为突出，也对男孩成长影响最为广泛的一种危机。李文道、孙云晓通过多项实证研究表明，男生在学业成绩方面确实落后于女生，从时间跨度上，体现在幼儿园到大学的整个阶段，从空间范围上，体现为全国性。李申儒对男孩自身的调查结果显示，有93.01%的男生承认“男孩危机”现象的存在，但是他们只承认“男孩危机”是部分危机，其主要表现为学业方面存在危机。张扬等对三所小学的实地调查显示，在学习积极性和学习成绩方面，男孩都不如女孩。

（二）体质危机

李文道等根据调查数据指出，男孩存在严重的体质危机，不论是国内纵向比较，还是中日横向比较，均显示出中国男孩在体质、健康等方面存在危机。周海旺等从清华大学公布的2012年自主招生体质测试结果中发现，参加自主招生的1200名考生中，超过半数的考生体质测试不合格，而且男生的不及格率高于女生。张扬等也发现，小学中男孩普遍比女孩显得瘦弱，易生病。通过学生访谈得知，这些瘦弱的男孩通常怕动，不愿上体育课，尤其是不愿意进行跑步练习。

（三）心理危机

李文道等认为，男孩的心理危机主要表现为男孩的心理问题发生率、成瘾行为发生率和常见心理疾病发生率都普遍高于女孩。张扬等指出，小学男生心理弱势的具体表现为：在班委改选时，11.3%的男孩表示竞选失败后心理会受到打击，导致以后的活动不会积极参与；而只有3%的女孩会存在退缩的现象。在情绪自控力方面，21%的男孩心情不好时会向父母发脾气，而只有6%的女孩存在这种行为。在承受力方面，有教师表示现在的男孩更娇气，部分男孩受批评还会哭，对此，75%的家长也表示有同感。

（四）社会危机

男孩社会危机的表现可显示为男孩女性化、中性化，性格品质脆弱，社会适应性不强等，这都直接影响了男孩的职业发展。随着社会的不断转型，科技的不断进步，以服务和理念为主要内容的网络经济不断崛起，体力劳动会越来越少，男孩的优势减弱，将会面临更大挑战。[①]

三、关于“男孩危机”的讨论

针对“男孩危机”话题，学术界的主要讨论焦点是：“男孩危机”到底是一个客观事实还是一个伪问题？本书并不打算参与这个讨论，而是想从社会性别的视角对现有的各种讨论进行一个梳理，以期达到运用多元社会性别视角来思考性/别现象。

---

① 李辉. 男孩教育问题研究现状述评[J]. 中华女子学院学报，2016（2）：42-46.

总的来说，对“男孩危机”的讨论分别呈现了性的本质主义、性的社会建构论和性的主体建构论。

（一）性的本质主义视角

这是方刚老师对《拯救男孩》一书的评论，摘录如下：[①]

作者全书的立论均是基于生理性别差异基础上的二元划分，书中写道：“在生理方面，男孩的不同首先表现在性激素方面，男孩体内含有比女孩高十多倍的雄性激素，另外一个方面就是大脑差异。在某种程度上，是雄性激素和大脑造就了男孩，使得男孩不同于女孩。”“雄性激素就像男孩的动力推进系统，它使男孩表现出更高的活力，更愿意寻求刺激，更爱冒险”。这些论调体现出的是生物决定论的背景，而生物决定论早已经被学术界普遍质疑和颠覆。

作者进一步认为“分性别教学”有助于“拯救男孩”：“既然男孩与女孩在诸多方面存在差异，那么分性别教学是一个自然而然的想法。”作者还举北京一些中学体育课的男女分班为例，说初中以上的学生开始进入青春期，在体育锻炼上存在性别差异。女生侧重柔韧性的运动，如舞蹈；而男生更喜欢一些对抗性运动，如篮球等。采取男女分班教学能使男生和女生得到更有针对性的锻炼。但是，作者显然没意识到，这正是塑造性别刻板模式的一种形式。这种基于生理性别差异的“教学”早不是什么新鲜事，而且已经被社会性别研究者批评了半个多世纪。

同样，作者仍然是基于生理差别来强调男人的责任。书中写

---

① 方刚. 男性气质多元化与“拯救男孩”[J]. 中国青年研究，2010（11）：17-20.

道："男孩，意味着更大的责任。""当危险到来时，人们自然会问：男人在哪里？在灾难面前，男人承担更大的责任，他要首先把生的机会让给妇女和儿童。在战争之时，男人更要承担起保家卫国的责任，这是他们义不容辞的义务。"重要的是，作者进一步说："男性承担更大的责任和义务，这是他们的生理优势所决定的，是人类长期进化的结果，是近代文明发展的必然结果"。这些论述在强调一个"男性责任"标准的同时，也在强化男性的支配性角色与性别特权，并对不符合这一标准的男人进行了无情的贬损和打压，进而也弱化了女性在社会中承担的责任。

所以，"拯救男孩"的概念从社会性别视角看，其理论基础是对支配性男性气质的推崇，以及对男性气质生物决定论的认同，并且构成了与性别平等追求的对立。

（二）性的社会建构论视角

1. "男性气质多元化"①

这是方刚老师在回应《拯救男孩》一书时所运用的概念工具，摘录如下：

关于男性气质（masculinities），在20世纪80年代之前，流行的都是性角色理论（sex role theory），它的核心在于基于生理差别的对男女不同角色的强调。性角色理论主张，作为一个男人或一个女人就意味着扮演人们对某一性别的一整套期望，即性角色。任何文化背景下都有两种性角色：男性角色和女性角色。性角色理论区分了男性气质与女性气质的不同，与男性联系

① 方刚. 男性气质多元化与"拯救男孩"[J]. 中国青年研究，2010（11）：17-20.

在一起的是技术熟练、进取心、主动、竞争力、抽象认知，等等；而与女性气质联系在一起的，是自然感情、亲和力、被动，等等。男性气质和女性气质很容易被解释为内化的性角色，它们是社会习得或社会化的产物。这一理论强调社会塑造男性或女性同他们的生理性别相结合。

性角色被铸造在一个僵死的容器，男人和女人被要求依据他们的生理性别进入这个容器，而不管他们在行为或态度上多么不适合这个容器。这种理论不具有文化普遍性，因此不能够帮助我们理解男性气质与女性气质的变化，也不能帮助我们理解个人如何针对性别期望的设定来调整他们的角色。性角色理论忽视了个人对男性气质和女性气质的定义与再生产，同时这个理论很少谈男女间的权力，它的框架掩盖了权力和物质的不平等。

1982 年，“支配性男性气质”（hegemonic masculinity）这一概念被提出。Kessler 等人在一篇对澳大利亚高中的田野调查报告中揭示，影响男性气质的因素可分为许多种层次，包括性倾向的、阶级的、种族的，等等，它们共同参与了男性气质的建构。因此，男性气质是多样的，而不是单一的。性角色理论所定义的单一的男性气质，实际上是一种“支配性男性气质”。而除了“支配性男性气质”之外，还有各种各样的男性气质。男性气质不是单一的，而是需要检验的，不同的男人建构了不同的男性气质。社会建构的机制与过程，进入了男性气质研究的视野。

康奈尔（Connell，R. W. ）认为，男性气质不是天生的，而是在实践中建构出来的。“性别的常识性知识绝不是恒定的，而是在不断变化的实践中的理性认识，通过这些实践，性别就在日常生活中‘形成了’或‘完成了’”。康奈尔认为，“男性气质不是一个孤立的客体，而是一个大结构的一部分”，男性气质在这个大结构中实践。所谓“大结构”，在康奈尔这里指遍布全社会的男性气质与女性气质之间的关系模式，这涉及权力关系、经济关系、情感关系。

任何男性气质的实践都是一种变化中的趋势，而不是静止的类型。男性气质存在多种趋势，包括刚性趋势、柔性趋势、刚柔相济趋势、支配趋势、从属趋势、权力均衡趋势，等等。

无论康奈尔对男性气质是一种实践的强调，还是关于男性气质多种趋势的分析，都是基于社会决定论的视角，对生物决定论的反对。从这一理论出发，既然不存在唯一的男性气质，也就不存在需要在性别角色方面被“拯救”的男孩或男人。不同的男性气质之间没有高低贵贱的等级划分。如果一个文化规定了支配性男性气质是正确的，其他的男性气质表现都是“不足”，需要被“拯救”，那这个文化便不是开放的文化。那些呈现了阴柔之气的男孩子，那些不够“男子汉”的男孩子，只不过是在实践着属于他们自己的男性气质而已。一个社会对人的个性的充分发展，如果采取敌视或“拯救”的态度，那这个社会才是真正需要“拯救”的。

2. “男孩危机是性别多元标准对教育一元标准的困境”①

沈奕斐老师认为男孩危机是性别多元标准对教育一元标准的困境，和性别无关。她的观点摘录如下：

当前对所谓的“男孩危机”最主要的关注，就是男孩在应试教育中处于弱势。为什么男孩在应试教育中处于弱势？

① 沈奕斐. 男孩危机折射性别教育困境[J]. 上海教育，2012（5A）：39.

首先，由于一胎化政策，每个家庭都非常重视孩子的成长，尤其是学业的发展，因而学业的竞争比以往任何一个时代都要激烈。正因为竞争激烈，所以，孩子们小学毕业的差异已经不再单纯依靠智商来拉开，谁能更仔细，谁就能得到高分。同时，由于这么多年的小学教育改革很重要的一点是减负，降低学业难度，也导致只有尽可能地仔细，才可能避免失分。这个时候，具有“细致”特点的孩子很容易在早期的学业中占优势。由于“细致”这一特点在女孩子身上出现的概率更高，所以，女孩成绩拔尖的可能性更大。

而“细致”这一特点不仅是小学教育所强调的，也是现代化发展所要求的。现代化的进程本质上是一个分工越来越细，并且是脑力劳动占支配地位的过程，所以会有“细节决定成败”一说。在这一过程中，对大部分人来说，“细致”是都需要具备的一项素质，而过去勇敢、刚强、有力量等男性气质并不一定符合“劳动力”的要求。只是由于男性气质一直被视为值得肯定的“优点”，因而，当他改变的时候，被视为“退步”，容易引起人们的否定和恐慌；而女性气质一直被视为“不完善的”，因而，当她改变的时候，被视为“进步”，容易被人们肯定与赞扬。

此外，男孩、女孩具有生理发育的差异，男孩往往比女孩更晚熟，所以主动学习的状态也出现得更晚，这个时候容易造成家长的担忧。

学习也是一样的。女孩的学习曲线可能是一条循序渐进的曲线，而男孩的学习曲线很可能在很长一段时间都保持很平缓的发展，在某个年龄点上，尤其是进入初高中，学业的竞争除了细致，更多要求智商、逻辑等的时候，突然就有大幅度的提升。但是，由于家长太重视孩子每一次测验的成绩，在小学时期，就用大量的培训班、学习压力打垮了男孩的学习兴趣，因而后面的提升也就不可能发生了，从而在总体上导致男孩在学业上的落后。

实际上，男孩在学业上的落后体现的并非是性别问题，而是不同学生的多元性在面对只有一个标准的应试教育的时候所体现的困境。不仅仅是不具有细致特点的孩子容易在早期学业中处于劣势，从而影响学习信心和兴趣，那些具有艺术天分的、拥有反思精神的、具有创造力等特点的孩子同样在应试教育中处于劣势。这和性别无关，这和个体特征是否符合应试教育有关。应试教育对不够细致的男孩不利，同样对不够细致的女孩不利。因此，与其说是男孩在应试教育中处于弱势地位，不如说那些不符合标准答案的孩子处于弱势地位。

所以，男孩危机实际上提出了一个更重要的问题：如何让具有不同特点和发展曲线的孩子都能在教育中获得信心？

真正的性别教育实际上就是在回应“如何面对差异”的问题，并且认为任何一种本质属性的差异都不应该影响到个体的发展。当我们的教育体制改变只有一种标准答案的模式，改变父母“赢在起跑线上”的焦虑，改变对某些儿童特点的偏好，才有可能减轻“男孩危机”。

3.“‘男孩危机’是在‘男性优越’的思维模式下提出的”①

女性在拥有受教育机会仅仅百年的时间里，取得了突飞猛进

① 胡晓红，左孟华. 教育公平视野下对“男孩危机”的性别解读[J]. 东北师大学报（哲学社会科学版），2010（6）：231-236.

的发展，在这种比照下，引发了“男孩危机”的焦虑。对此，女性主义认为这种“焦虑”是男性优势地位被撼动的焦虑。事实上，今天男孩和女孩在整体素质上都比过去有显著的提高，所谓的“男孩危机”只是与女孩的进步相比较而出现的心理危机。

有女权主义者认为，用来证明“男孩危机”的论据大多数是来自于与女孩的对比，这本身就是一种失误：首先，女生参与各级教育比例的提高无法证明“男孩危机”；其次，女生学业上的成就超过男生不能说明“男孩危机”；最后，由女大学生的骄人成绩也得不出“男生危机”的结论。由此可见，“男孩危机”正源于与女孩的比较，这种比较将女孩置于男孩的对立面，把男孩的危机归咎于女孩的进步，这个逻辑明显存在一个巨大的失误。与此同时，女孩也面临着成长危机：诸如女孩吸烟酗酒的现象，女孩暴力的现象，女孩堕胎的问题……

因此，用超越性别对立的方式思考“男孩危机”，会给这一教育现象提供更广阔的视域。这种超越包括三个方面：第一，反思男女的竞争关系；第二，转变传统的性别观念；第三，关注的不仅仅是性别，因为来自地域、阶层和特权的影响要远远大于来自性别的影响。

4. “男孩危机”反映的是身体/权力话语自身的焦虑[①]

有学者认为，男孩危机是个伪问题。所谓男孩危机，是一篇关于中国男孩状况的调查报告中对男孩发生的变化所做的鉴定。但是这些变化是否真的构成了“危机”，此时下结论未免言之过早。数据除了能说明我国的男孩群体在外表、行为、

① 马姝. 被建构的“男孩”[J]. 青年研究，2010（4）：90-93.

性格等方面发生了变化，并不能证明“危机”的发生，只有当变化已经严重妨碍了个体身心发展的时候，才称得上危机……真正的危机是在变迁的社会中继续用传统性别规范来要求男孩，而这种要求又是男权社会所建立的身体/权力秩序内在焦虑的反映。

中国的情况是，漫长的男权社会制造了男女之间的性别差异，这一制造过程是通过对两性身体的规训得以实现的，例如对男性气质、男性体貌特征、男性社会角色的一系列规范，都在制造并进一步强化性别差异，男性也必然以身体的合乎规范来确立自身的主体性。这一套关于男性必须强于女性的话语虽使前者能获得更多的性别发展空间，同时也束缚了两个性别自由发展的可能——女性受到压迫的同时，男性也受到了束缚；使女性处于不利地位，也使那些不能完全符合性别规范的男性处于不利地位，而后一种情形更不容易被发现。

当社会发生变迁，日益多元化的男性身体冲破原有的性别规范，开始撼动男权社会中已确立的身体 / 权力秩序……当社会能够为她者留有重返的门户而不是将其拒斥在封闭的体系之外，能够不再将男孩的变化定义为“女性化”“娘娘腔”，不再把男孩的易装斥为异类行为并进行恶俗的模仿以获取猎奇的目光，能够用平常而不是喧哗之声迎接男孩的变化，那么，包括男孩在内的丰富个体就获得真正的解放了。

（三）主体建构论视角①

针对“男孩危机”的话题，复旦大学附属中学的一名学生从高中男生的视角，对上海13所各级各类学校的男生进行了调研，并给出了他们自己的理解：男孩危机已由隐性状态凸显为显性状态；男孩危机的表现形式主要为学业危机；男孩危机的性质是教育危机；男孩危机的本质是评价危机。

调查结果显示，有93.01%的男生认为存在“男孩危机”现象。男孩危机的认同度与男孩的年龄成反比。在认同“男孩危机”的人群中，一致的看法是“男孩危机”只是部分危机，这部分危机主要体现为学业危机。

调查中，不少男生认为男孩的这一学业危机是教育危机，多达99%的被调查者认为当今的学校教育更有利于女生的发展，76.48%的被调查者认为当今的学校教育压抑了男生的发展。不少男生认为，男孩不是真的不行，而是现行的评价体制出现了问题，因此“男孩危机”的实质是评价危机，必须彻底改变这一不科学的评价制度。

作为解决“男孩危机”的手段之一，我认为必须改革现行评价体制，以综合评价取代学业评价；以能力评价取代试卷评价；以动态评价取代静态评价。同时鼓励更多的男性从事教育事业，必要时国家可以通过立法设立学校教师中男女教师的比例（澳大利亚有过类似规定，美国也有鼓励男性从教的方案）。

其实，男孩们自身有许多自救方案，此处摘取部分来自问卷

---

① 李申儒. 男孩视角的“男孩危机”研究[J]. 教育发展研究，2010，(15)：48-52.

中受访男孩们自己提出的解救方案。

——男孩们首先要明确自己从出生就被赋予的责任，这一责任涵盖对国家、民族、家庭、自身以及对下一代的责任。在明确责任后，男孩要做的就是克制，克制自身普遍存在的好动、贪玩、易冲动、懒惰等不良习惯及性格弱点，从而有效抵御来自这些不良习惯的负面影响。从客观角度分析，外界最好能创造一个对男孩提出特殊要求的环境，虽有时不免会矫枉过正，但其影响往往是潜移默化的，其作用不容小觑。

——男孩需要从自身做起；社会不应过分强调所谓的“男孩危机”，加重男孩的心理暗示；学校应根据不同性别“因性施教”。

——过度提倡男女平等造成了事实上的重女轻男，现行的教育制度、教育内容、教学方法、教学模式、考评方式等多偏向于女孩，这种做法造成了教育的不公平，希望社会高度重视这种隐蔽的教育不公平——对男孩的教育不公。当然，男孩们不能把所有希望都寄托在“他救”上，男孩当“自救”，男孩要学会在逆境中生存、崛起。

第二节 “剩女”现象

社会性别视角下的婚恋类相亲节目、婚恋电视剧和电影作品解读[①]

综观中国现今的婚恋相亲类节目，从江苏卫视的《非诚勿扰》、山东卫视的《爱情来敲门》到湖南卫视的《我们约会吧》，无不充斥着媒体对“剩女”的营销。来参加节目的女嘉宾虽然并非都到了传统文化中所谓的“谈婚论嫁”的年龄，但她们都具备一个共同特点即“对象难找，目前单身”。

……为了摆脱社会赋予的特殊化的目光，改变尴尬的单身状况，撕掉贴在身上的负面标签，“剩女”们往往不得不自我掩盖能力、学历、职位、智力等种种优胜于男性的光环，反而屈从于“降低择偶标准”“降低自我追求”。这种与电影、电视剧中大肆宣扬大龄“剩女”最终找到真爱的结局是大相径庭的。在电影《101 次求婚》中，林志玲扮演的大提琴家小薰找了一位与自己身份地位、兴趣爱好相距甚远的装修工人作为自己的伴侣，这样的电影桥段就是为了迎合和设定现阶段大龄单身女性择偶的现

① 何丹清. 社会性别视角下传媒对“剩女”现象的非常态化报道的原因探析[J]. 媒介与文化研究，2014（8）：107-108.

状和标准。在《咱们结婚吧》《败犬女王》《达子的春天》等电视剧中，剧情内容不外乎就是优秀的大龄单身女青年最终找到了自己的另一半，从此过上了美满幸福的婚姻生活。纵观这类电影和电视剧，所有女性的幸福最终都归因于遇见了一个价值观不强势甚至迁就自己的男性。从另一个角度来说，这些女性的幸福还是建立在男性给予的角度上。因此大众传媒最终宣扬的婚恋观还是在男权社会为中心的文化观中徘徊，女性独立的价值观和诉求看似得到体现，其实最终还是要臣服于男权。大众传媒如此设置议程后构建的拟态文化不仅对现实社会造成影响，更造成了在此社会上单身女性的集体失语，这样的失语现状就如同“沉默的螺旋”，一边是对以男权为中心的婚恋文化的大声疾呼，另一边则是优秀单身女性的集体失语。

一、“剩女”的提出

“剩女”泛指那些已经超过传统观念认为的“适婚年龄”，而依然处于单身状态的女性。作为一个挑战传统观念而存在的群体，“剩女”现象在经过大众传媒选择、包装、报道、产出的过程中，不断被放大，甚至成为社会热点中经久不衰的议题。2007年，教育部在其官网发布的《中国语言生活状况报告》中，“剩女”一词步入 2006 年度 171 条汉语新词的行列，成为取代“三高”（高智商、高学历、高收入）单身女性的新提法。

人口性别比的失衡使得人们担忧一部分男性会找不到老婆而成为“剩男”；受过高等教育的优秀女性还面临着成为“剩女”的风险。受过高等教育的女性虽然更可能遇到相匹配的丈夫，但也更可能找不到丈夫而成为所谓的“剩女”。一些经济学家的研究显示，大学扩招导致了女大学生和女研究生结婚率的大幅下降，成为“剩女”的概率极大提高。

受过高等教育从而也对生活品质有较高要求的女性们，既恐惧自己成为失去女人味的女强人，也害怕自己变成操持家务的黄脸婆，她们需要找寻高富帅男人，至少是有能力买房买车的男人做丈夫，以缓解工作与家庭冲突所带来的压力。然而，能达到她们要求的同龄男性并不充足，不愿降低择偶标准的她们只能成为“剩女”，而不能成为精英男的同龄男性们则成了求偶困难的“屌丝”。从某种程度上来说，“剩女”与“屌丝”是教育领域性别平衡逆转的一种副产品。当女大学生人数超过男性，拥有知识和能力的女性数量越来越多之后，就无法让所有人都能按传统的“男强女弱”模式求得配偶。固守传统性别关系模式只能导致青年人求偶益加困难，“剩女”与“屌丝”数量同时增多。①

二、“剩女”特征

“剩女”，顾名思义，即是剩下的女性，有着在婚姻市场上被挑剩下的意味。一群人是被挑剩下的，往往意味着这群人是条件不好、不受欢迎的一群人，但是“剩女”却是自身条件较好却在婚姻市场上不受欢迎的一群女性。

但是”剩女”本身的内涵却不止于此，目前讨论的“剩女”至少包含以下几个特征：②

① 李春玲．“男孩危机”“剩女现象”与“女大学生就业难”——教育领域性别比例逆转带来的社会性挑战[J]．妇女研究论丛，2016(2)：33-38.

② 高修娟．“剩女难嫁”的社会学解读[J]．北京青年政治学院学报，2011(1)：15-20.

（1）“剩女”是独身并且未曾结过婚的女性，通常没有固定的男朋友；

（2）“剩女”属于大龄女青年的一部分，年龄大都在 30 岁及以上；

（3）“剩女”在未婚大龄女青年中，大多自身条件比较好，其学历大多在本科及以上，且收入较高、事业有成、经济条件较好、综合素质较高；

（4）“剩女”未必是不婚主义者，可能是“被动剩下”——想结婚而一直没有遇到合适的人选和机会，也有可能是错失合适人选后，再也不想结婚；

（5）“剩女”的独身状态可能是暂时的，也可能是永久的。暂时的独身是因为剩女们推迟结婚，而永久的独身则是主动或者被动形成的；

（6）“剩女”是目前我国大龄未婚女青年的主要组成部分。

三、关于“剩女”的讨论

曾经有学者通过对“剩女”概念的界定和度量，并基于对 1995—2005 年数据的实证分析，对近年来媒体和社会上流行的“剩女危机”提出质疑，认为目前中国女性过剩实属伪命题，女性在各年龄组及受教育程度下都基本处于短缺状态。[①]由于以往对“剩女”概念界定不清，常与“大龄未婚女性”等相混而使其夸大失实。普遍结婚仍然是社会的主流规范，越来越多的单身女性一时较难被社会所接纳。在眼球经济与消费社会下，建构并催生出“剩

① 陈友华，吕程. 剩女：一个建构失实的伪命题[J]. 学海，2011(2)：42-48.

女”概念。

本节暂且将“剩女”是否是一个伪命题放在一边，而拟从社会性别的角度集中讨论“剩女”现象。以下将从被建构的性别危机、性别传播的偏向等角度对“剩女”现象加以解读。

（一）剩女：一种建构的性别危机①

从女性发展与变迁的脉络来看，“剩女”窘境引发的女性危机其实是一种建构的性别危机，根植于建构女性与女性建构的撕裂。女性在发展的过程中，是通过由外而内的社会构造与由内而外的自我构造这两重维度来阐发女性在现实活动中的态势，即建构女性与女性建构的连接状态。任何女性危机的爆发都是这种建构女性与女性建构不协调的表现结果，“剩女”危机就是这种分野的典型个案。

在建构主义范式中，对于社会建构女性而言，女性面对外部环境的突变，其原有秉持的传统结构塑造无法满足环境变迁带来的情景主张，便引起对女性要求的重组，即女性社会角色扮演的稳定结构受到外部挑战而发生变动的过程。随着社会生产方式决定的社会结构变化而引起的直接性别反映，不仅要求女性在涉入社会生产中的角色嬗变，同时也意味着其在婚姻家庭中的角色变迁。

同样，建构主义范式中也包括女性自我的建构。社会发展史在某种程度上也是女性追求自我建构进而带动自身解放的历史——女性建构史。女性在经济领域复兴的过程中，更多地侧重于

① 左雪松，夏道玉．建构女性与女性建构——建构主义视阈中“剩女”危机引发的社会学思考[J]．妇女研究论丛，2008（5）：11-16.

用经济竞争法则来反思现存社会制度所形成的性别互动模式，思量自然与社会的性别差异是如何被社会构建并在社会学意义上被重构的事实，她们越反思越有变革与重新自我构造的冲动，这种女性自我建构的冲动在某种程度上就是对被动社会建构女性的主动反抗，改变以往女性在现实面前软弱无力的状态，颠覆在强大技术工业与男性权力主导体系中的男性话语权，使女性掌握建构有利于自身的理想类型与运行状态，是一种反对建构女性的女性建构。此时，女性在意识上更多的是对现实的反思而不是对现实的解释，在行为上更多的是变革而不是适应。

“剩女”概念语义已经清楚地表明了中国的一部分女性在社会生产中的崛起并改变了自身社会地位。随着科技简约化的介入，帮助“剩女”们日益从繁重的体力劳动中解放出来，开始摆脱自然生理差异，与男性在竞争中争取更多的成功，“剩女”被称为“白骨精”就是最好的印证。“剩女”作为一种在生产上已经解放了的女性，客观上符合社会对女性提升的主张，这种主张也符合女性自身建构的诉求，此时具有某种天然的契合性。但是“剩女”把这种在社会生产中出类拔萃所带来的良好状态自觉与不自觉地虚构到婚姻家庭中，简单地认为社会活动的优秀也能带来婚姻的理想，她们用工业化产生的现代性来武装自我，对传统女性展开了彻底地批判，认为女性在经济上的提升也能争取在其他领域获得相应的话语权。

危机的到来使得“剩女”们认识到婚姻家庭活动领域拥有自身的独立性，此时，“剩女”在社会生产领域中的有所作为与婚姻家庭领域中的无所作为形成了巨大的反差，产生了想要的事实婚姻境况达不到自我建构的理想类型，“剩女”建构的婚姻理想与社会建构“剩女”的婚姻事实出现了断裂。此时的断裂在于社会建构女性要慢于“剩女”自我建构的女性，后者处在用现代性视角觉察婚姻家庭中的价值问题阶段，而前者往往正处在现代化的过程中，甚至可能停留在传统性的原地踏步走阶段。显而易见，这种断裂的“剩女”，不仅与女性主体被社会建构快慢的事实有关，而且还更多地涉及女性主体自我建构的状态。女性过快地用现代性来反思既存社会婚姻机制的滞后性，这种女性建构的积极状态又让女性不知不觉地陷入“另类”与“特殊”的概念范畴，暗含了“剩女”此时对于什么是作为、什么是不作为的理解变得十分模糊，从而掉入被动的陷阱，阻碍了“剩女”个体的自我发展。但“剩女”危机又不是一个女性个体自造的结果，而是“剩女”的群体性危机。

（二）制造“剩女”：性别传播的偏向①

大众传媒的宣传将“剩女”进行优先性排序后放入议程设置，既忽视了女性面对婚姻的态度的多样性，也无视选择自身婚恋行为的多样性。这种宣传让所谓“剩女”及其周围的几乎所有人都陷入一种无法自拔的焦虑，即“剩女”的恋爱和婚姻一时间变得刻不容缓。人们沉溺于传媒制造的无休止的焦虑当中，却不能停下来思考这一焦虑本身的合法性；始终环伺左右的人际传播把“剩女”的婚恋思维裹挟进一个沉默的螺旋。面对周围似乎都已成婚的同学和闺蜜，以及至亲好友的不停“说服”，“剩女”不容反思地认定自己“被孤立”了。对被孤立的担忧指导着当代社会的个体行为；不与他人接触，导致对观点多样性的物质和对所

① 王清清. 制造“剩女”：性别传播的偏向[J]. 现代传播，2011(3)：153-154.

谓主导观点的强烈依赖；个体一刻不停地估算着身边的主导观点，以便选取不会令自己孤立的立场。

“女大当嫁”成为人际传播和大众传媒共同的主导观点，性别传播作为沉默的螺旋的核心，它不仅告知人们怎么做，更宰制了人们怎么想。“剩女”在这种强大舆论的裹挟之下，选择了对现实婚姻的屈服。经过或长或短、或古怪或狼狈的相亲、“恋爱”以后，她们最终都如大家所期望的那样走入婚姻的殿堂。蓦然回首，她们发觉：自己只是知道要结婚，却不知道为什么要结婚。

揭开“剩女”性别传播的面纱，我们发觉里面是愈发畸形的男权中心意识。具体说来，它表现在两个方面：

第一，用男性的标准来评价女性。“剩女”之所谓“剩”，即是指男性用男性的“标准”裁汰下来的“再也没人要的”女人。这一词汇在女性/男性二元结构中放置了如下富有“历史感”的歧视标准：被动的/主动的、匮乏的/完整的、阉割的/正常的。

第二，将女性客体化。“剩女”不但已经是给作为客体挑剩下的，她也终将急切地打折抛售给一个未知的面容模糊的男性。但是“剩女”性别传播的最可悲之处，也许还不在于此。这其中隐含的事实及其背后的意识形态让人不胜唏嘘：数千万的男性因为畸形出生性别比的原因将铁定被剩下，可是性别传播在宣传“剩女”现象的同时，对这一事实保持了沉默。换言之，与制造的媒介图景恰好相反：“剩女”的剩是相对的，“剩男”的剩是绝对的；“剩女”的剩是主动的，“剩男”的剩才是被动的。人们在传媒制造的幻象中茫然无知、悠然自得，城市里的男人们还满足于媒介制造的虚幻想象，沉迷于男权意识异常富余的美梦之中。令人悲哀的是，在“剩女”制造的过程中，我们发现了一条现代社会的“真理”：男人制造标准，女人用这一标准来规范自己。

四、可能的出路：社会既要为“剩女”创造进入婚姻的机会，也要给她们足够的社会空间[①]

俗话说：“干得好不如嫁得好”，将婚姻视作自己幸福生活的归宿，曾经是女性普遍期待的理想人生目标。但现在一些国家和地区的女性已对这种传统的人生价值观提出了挑战。如美国、英国、法国赞成“结婚是个人自由，所以结婚不结婚都可以”的近九成，其他国家也都在六成以上。受传统文化的影响，中国的女性仍然不可能在目前的情况下与国际接轨。据统计显示，即使是上海市区的青年女性，对“结婚是个人的选择，所以结婚不结婚都可以”持肯定态度的也不到五成，与男性相比无显著差异，甚至明显低于日本、韩国、菲律宾等亚洲国家。

随着社会的发展，文化的多元化，人们在各个方面对婚姻家庭都有了新的认识和行动，性与婚姻、家庭、生育分离现象逐渐增多。中国人民大学性社会学研究所 1999 年至 2000 年进行的“中国人性生活调查”表明，中国人的性观念悄然发生了巨变：对于性信息的接受程度大幅增长，性的公开化程度大幅提高；婚前性行为增加，40 岁以上的男、女比例分别是 45.7%、24.1%，40 岁以下的人的婚前性行为比 40 岁以上的人还要高出将近 10 个百分

① 龙晓添. 从社会性别视角看“剩女”现象[J]. 中国青年研究，2009（10）：74–83.

点，25～29 岁的男、女有过婚前性行为的比例分别高达 72.2%和 46.2%；性关系向多伴侣发展，40 岁以上的男、女有过多个性伴侣者分别是 20.5%、5.5%，而 30～34 岁的男、女这一比例分别是 45.8%和 17.7%，处在婚姻状态之中的 30～34 岁男女中有婚外性伴侣者分别是 36%和 19.4%；性交易占据相当比例，40 岁以上的男人中，嫖过娼者占 6.4%，40 岁以下的占 11.3%，其中 25～29 岁的男子有此经历者占 16.7%，男人曾以钱换性或重礼换性的比例比上述数字略高几个百分点。

这些变化严重刺激了女性对婚姻家庭的理解，女性在家庭中的重要的情感忠诚需求受到了严峻的挑战。随着这种多元现象的出现，社会中如“小三”“二奶”、非婚生子女等事物见怪不怪，这些对开放发展的、强调伦理道德约束的、传统与现代并存的社会主义中国的婚姻家庭制度构成了非常大的挑战，同时也给了很多“围城外”的人更多冷静思考婚姻的机会。所以现在中国单亲家庭增多，单亲人群正日渐庞大。

随着时代的发展，家庭将不再是社会必然的细胞，婚姻家庭应该是根据自身需要可选择的生活形式。当然，让这种选择平顺自然并不容易，其中必定充满了冲突、矛盾与不满。这需要社会的宽容、群体的支持和个人的正确选择。因此对于“剩女”群体，既要为她们创造进入婚姻的机会，也要给她们足够的社会空间，这样才能让她们理性而理想地选择、进入家庭生活。“剩女”不应该被看成是“弱势群体”，在现在的社会中，她们依然有很大的选择空间，足够自我发展，不能以是否“婚了”来单一评判女性价值。

第三节　性少数群体

李银河曝情感伴侣　揭秘“性少数群体”

据新华社北京2014年12月21日新媒体专电（记者苑苏文、张玉洁、姬少亭、刘陆），近日，中国著名社会学家李银河针对网友对其“拉拉（女同性恋者）”身份的质疑进行回应，强调自己是异性恋，并使相伴17年的异性者（Transsexual）伴侣出现在公众眼前。

然而，富有争议的“异性者”概念却使得不少网友无法理解，面对李银河生理女性、心理男性的伴侣，尽管不少网友表示祝福，但仍有不少网友认为李银河此举是“出柜”了。

“我是异性恋，被人说成同性恋，然后我解释一下为什么我是异性恋，这怎么叫作‘出柜’呢？”接受记者采访时，李银河的语气有些无奈。她指出，人们的误解源自对性少数群体的缺乏认知。和女人在一起的女异性恋？李银河说，最让她感到困惑的是一些网友认为她“出柜”了，并且对她所提到的性少数群体存在误解。

“网上有人搞混了‘T’的含义，他甚至把在声明中形容异性者的“Transsexual”误解成女同性恋者（Lesbian）里面的假小子“Tomboy”了。”接受记者采访时，李银河不断说出夹杂着长单词的句子。

“同性恋者（Lesbian、Gay）和异性者（T）的区别在于，同性恋是性倾向认同少数派，异性恋者是性别认同的少数派，指的是生理性别和心理性别不一致的人，也是一种性少数派。”李银河说。

明明女的和女的生活在一起，为什么还是异性恋呢？在记者的采访中，有专家指出，这其实是“性认同”和“性取向”之间哪个更重要的问题。

致力于性少数群体研究的北京外国语大学英语学院讲师李今朝指出，在一些西方国家的性观念中，“性认同”更为重要，而“性认同”的核心含义就是尊重一个人对于性别的选择。“对于心理性别和生理性别不同的人，应当尊重心理性别。”李今朝说，按照这种观点，李银河的伴侣应被当作男性，而李银河是一名喜欢男性的异性恋。

怎样才能不再“谈性色变”？在李银河看来，中国人对性少数群体的认知仍处于“两眼一抹黑”的状态。“中国人对性少数群体的认知糊里糊涂的，很多人即使知道有同性恋这么一回事儿，也细分不出来同性恋和跨性别的区别。”即使是同性恋，仍有不少人无法接受。李银河认为，这是源于一种长期传统中的“反性禁欲”的观念。“在这种观念中，能不能生孩子成为性正常与否的划分。如果不为了生孩子，而是为了快乐，那性就不正当了。”李银河说。

如何让社会对性少数群体更加宽容？李银河认为，应当在学校中加强性教育，并且在性教育中增加性少数群体的内容。

一、性少数群体（LGBTQ）的提出

1869 年，匈牙利人本克尔特提出“同性恋”一词。国际学术界以《生命伦理学百科全书》为代表对同性恋的描述为：同性恋者是一个有着显著的、持久的、唯一的受同性性吸引，对同性有性渴望和性反应，寻求同性性活动并从中得到性满足的人。同性之间的性爱或情爱关系，在学术界关于同性恋的界定有诸多表述，但多集中于同性性行为方面。在英语世界中，关于同性恋的用词发生过历史变迁，有过多种表述。到了 20 世纪，同性恋（Homosexsual）一词得到广泛应用。然而，随着人们对于性别的认识，如今“同性恋”这一概念并不能完全涵盖所有非异性恋人群。因此“性少数群体”的说法被更广泛地认可并应用[①]。

性少数群体，在国际上也被称为 LGBTQIA+，即非异性恋者，也就是同性恋（Lesbian）、男同性恋（Gay）、双性恋（Bisexual）、跨性别（Transgender）、酷儿（Queer）、疑性恋（Question）、双性人（Intersexuality）、无性恋（Asexual）以及以上未提及的其他非规范性的性取向和性别认同的人的总称，常取其英文词首字母“LGBTQ”做简称表示。

① 于铭. 新媒介与赋权：同性恋群体生存状态研究以西安地区同性恋群体为例[D]. 西安：西北大学，2017.

二、性少数群体的表现[①]

（一）女同性恋——Lesbians

在中国，人们常常把女同性恋者称之为“蕾丝”或“拉拉”，这主要就是根据女同性恋的英文发音而来的。它主要指的是一个女人被同性身上的特征吸引，并随之发展成爱情，即两个女人间的爱情。

女同性恋者认同自己作为女性的生理性别，她们和异性恋女性一样生活，大多数年轻的女同性恋甚至意识不到或者不确定自己是否是同性恋。女同性恋者更有可能不认同传统的女性角色，不认为女性就应该是被动、柔弱的。她们认为自己的社会性别不属于女性，不同男性恋爱，不同男性发生性关系，对男性没有性欲望。女同性恋者间的关系发展需要一个长期的过程，她们需要先相互了解成为朋友，再慢慢约会和深入培养相互间的感情，通常只有在形成长期稳定的感情之后，才会发生性行为。她们在选择同性伴侣的时候比较注重真诚、可靠、价值观、沟通能力和长相等多种特质。很多女同性恋者相互间也会像异性恋一样称呼对方为“老公”或“老婆”。

在女同性恋圈内也有T/P之分，“T”来自英文tomboy一词，译为“阳刚、男性化”的。女同性恋者中的“P”指“T的老婆”，也有人将其称之为“婆”，代表“女性化”的意思。另外，也有人用“H”表示既可以扮演主动角色，同样也可以扮演被动角色。这样的角色划分，似乎在年轻人当中更为盛行，而年龄稍大的女

① 胡珍，刘嘉. 恋爱婚姻家庭–大学生性教育教材（第二版）[M]. 北京：科学出版社，2016.

同性恋，因为一些集体活动参加得少，不太热心这样的划分。

（二）男同性恋——Gay

男同性恋具体是指男性对男性产生好感和爱慕倾向并伴随有性冲动。也就是说男同性恋者认同自己倾慕同性的倾向，这种倾向可以包括或不包括性行为。仅有同性性行为不直接等同同性恋，例如军营、监狱等环境中缺乏女性，为发泄性欲，有的男性会与同性发生性行为，但这并不代表他们是同性恋，因为脱离特殊环境之后，他们会回归异性恋生活，终止同性性行为。

男同性恋者在选择自己同性伴侣的时候会比较注重对方的真诚、可靠、健康、长相和身材等特质。男同性恋间的角色，网络上有“攻”和“受”的区分，也有人用阿拉伯数字“1”和“0”表示。“1”表示在同性交往中处于主动地位；而“0”则表示处于被动地位；也有在被动和主动角色间转换的个体被称为“0.5”。另外，在男性同性选择伴侣时，“1”更加倾向选择具有女性化面庞长相的男性，而“0”则更加倾向选择男性化面孔的男性。

（三）双性恋——Bisexual

在人类的性取向中，对两种性别都会产生性吸引或性冲动的取向被称作双性恋。双性恋者对两种性别的被吸引力并不一定是相等的。一个双性恋者可能同时保持与两种性别的性爱关系，也可能与其中一种性别保持单一性爱关系，或偏爱于一种性别。因为同性恋通常不被主流社会所接纳，所以双性恋也被用作未公开自己同性态身份的人的委婉叫法。这也是美国著名同性恋运动——石墙暴动后，同性恋群体抵制双性恋的原因之一。另外因为双性恋能被两个性别人群所吸引，所以被认为更可能不忠，而被同性恋抵制。

（四）跨性别——Transgender

Transgender 通常是用来指将自己的性别角色一部分或全部进行反转的各种个人、行为与团体。这主要是由于对自身性别认同所导致的不同结果。如一个生理性别是男性的人，但是他却一直从心理上认为自己是女性，或一个生理体征是女性的人却在心理特征上认为自己是个男性，则他们会更多地根据自己的心理性别做出自己的选择。有研究者在对双生子的研究中发现，即便是同卵双生子也有可能以童年期就表现出对自己性别认同的差异。这似乎预示着，其实先天的激素水平可能起到很大的作用，因为同卵双生子的基因是相同的，而后天环境也是非常类似的。在童年期就表现出对自己生理性别不认同的人，更多可能是在长大后要么成为同性恋，要么选择改变自己的生理性别。选择通过变性手术来改变自己的性别，更多发生在男性身上（male to female，MTF）。而相比于 MTF，女性变为男性（female to male，FTM）的数量则少得多。这可能跟变性手术的成功率和技术难度有关系。相比于男变女变性手术，女变男变性手术的技术难度以及成功的概率都要小得多。

（五）酷儿——Queer

Queer，并不是单独指某种性取向的一类人，它是一种有关性别、性取向和性别角色的理论。原来是西方主流文化对同性恋的泛称，后来被性的激进派用来概括他们的理论，其理论主要认为性别认同和性倾向不是“天然”的，而是通过社会和文化影响形成的。认为人的性取向是流动的，不存在同性恋者或异性恋，只存在此时的同性间的性行为，以及彼一时的异性间的性行为，只是存在于一个个具体的、活生生的人身上。酷儿理论认为人在性行为与性倾向上均具有多元的可能。

三、关于性少数群体的讨论

早期的同性恋研究主要的理论关注点是：同性恋这一性倾向是先天的，还是后天形成的？这一问题构成同性恋研究中关于本质主义和建构论的论争。持本质主义观点的一方认为，同性恋的性倾向是先天、固定、无法改变的，它独立于文化，是一个人内在的特点。持建构论观点的一方则认为，同性恋这一性倾向的形成与社会、家庭等文化背景密切相关，不同的社会环境所赋予同性恋的文化内涵不尽相同。这一派别的支持者强调同性恋以特殊的历史和文化为载体，认为是文化影响了同性恋的形成。争取同性恋权益的行动主义者采纳本质主义的观点来获取社会的认可，而具有恐同性恋情绪的一方则认同建构论的观点，认为如果同性恋这一性倾向是后天形成的，就意味着它是可以得到纠正和改变的。

无论哪一种观点占上风，早期的同性恋研究并没有从根本上质疑“男人”“女人”这样的普遍性概念以及“异性恋”和“同性恋”这样的两分结构，而是在异性恋霸权的预设下，为性少数群体的同性恋争取权益。他们基于同性恋这一共同的身份，抵抗主流社会观念对他们的妖魔化，在政治、经济、职场、法律等领域争取平等的权益。

本节拟从酷儿理论的视角出发，在借鉴国外实践经验的基础上，重点探讨我国性少数群体权利保护的问题。

（一）酷儿理论[①]

纵观历史，文化规范在社会主体的认同中不断地设定同性恋等边缘性社会的存在，将其视为可怕的社会死亡对象，赶入道德和法律合围而成的领地进行压制。异性恋文化霸权的各种话语不断向我们灌输规范之外的性少数群体为我们带来的种种危害，使我们心生恐惧，逐渐排斥、歧视甚至伤害他们。酷儿理论就是要挑战这种以异性恋为基础的性别等级秩序，认为人的社会性别身份是多重的、游离不定的，个人的性行为和情感选择有可能出现流动性或非连续性，也就是说性别身份是不稳定的、多元的，并且在社会与政治冲突中不断演变。

酷儿理论起源于对女同性恋、男同性恋、双性恋、跨性别的文化研究，从 20 世纪 60 年代以来的后现代主义、后结构主义等思潮汲取营养，在性别、性、身体、权力、身份等层面思考多元化与社会多样性，为挑战异性恋文化霸权，改变人们的传统思维模式方面做出了重要贡献，是当代性别理论不可缺少的一个分支。而且，“酷儿”已成为一个伞状词语，可以涵盖所有在文化上处于边缘的个体，使他们形成政治上的联盟，因此酷儿理论已经不再局限于研究同性恋等性少数群体的问题，它与种族、阶级等轴线相交叉，试图在尊重差异和文化多样性的前提下创造更为公正和平等的社会。酷儿理论对主体性等概念持非本质的、灵活的立场，使人文社会科学的研究更具包容性，因此，酷儿理论值得受到更为广泛的关注和准确的研究。

---

① 都岚岚. 酷儿理论等于同性恋研究吗？[J]. 文艺理论研究，2015（6）：185-191.

（二）国外性少数群体权利保护的实践经验[①]

性倾向和性别认同的自由作为一项基本人权，正在向国际认可迈进。许多国际组织关注跨性别、双性恋及不同性小众人士受到的不公平对待，试图让所有人都能够自由地选择自己的社会性别身份，实现性自主。目前，全球范围内共有 22 个国家和地区以立法来保障同性婚姻的合法权益。

1. 欧洲

1989 年，丹麦成为全球首个接受、认可并允许同性结婚的国家。2000 年，荷兰成为世界上第一个同性婚姻合法化的国家，其后比利时、西班牙和瑞典等国家也相继承认同性婚姻合法。从形式上看，保护方式有如下几种：

（1）民事结合，其目的是为同性伴侣提供与异性伴侣相同的权利。甚至有部分国家规定只需要简单的注册即可受法律保护。现在，英国、德国、匈牙利、芬兰、瑞士、爱尔兰、卢森堡、斯洛文尼亚以及奥地利、捷克等国家、地区都将同性民事结合合法化了。2013 年 7 月，《婚姻平权法案》在英国下议院正式通过，此新法还允许变性后继续保持婚姻关系。

（2）同性婚姻。《家庭伴侣法》于 1998 年的新年在荷兰生效。该法表示“伴侣”不但指“异性”的，也指“同性”的。如果同性登记为伴侣，他们同样在立法上享有夫妻权利，也要履行夫妻义务。2001 年，一项新的立法在荷兰生效。按照新立法，同性恋不但可以结婚，还能领养孩子，同异性婚姻的权益没有任何

① 孙瑞瑞. 境外性少数群体权利保障——实践及本土化反思[J]. 文化学刊，2018（1）：191-195.

差别。在此之后，法国、比利时、瑞典、葡萄牙和西班牙，以及冰岛等欧洲国家都逐步加入了同性婚姻合法化的国家和地区的行列。

2. 美洲

在美洲，美国性少数群体的权利解放运动最具代表性。1962年，伊利诺伊州率先将同性恋行为合法化，在全美迈出了第一步。2000 年，美佛蒙特州州长签署立法，允许同性婚姻，这是美国首个允许同性恋者结婚的州。

2003 年，马萨诸塞州最高法院裁决禁止同性恋者结婚违反宪法，要求立法机关修法。2011 年，美国加州成为第一个把同性恋、双性恋、跨性别恋课程纳入公立学校教育体系的州，相关知识将从小学二年级开始讲述。小学、初中和高中的历史及社会科学课程均有涉及，并且计入学生成绩。2015 年 6 月 26 日，美国最高法院宣布同性婚姻在全美合法。加拿大的安大略湖省和哥伦比亚省分别于 2003 年 6 月和 7 月允许同性结婚。2005 年，“同性婚姻法”提案在加拿大参议院正式通过，并获得了加拿大最高法院的签字，成为一项全国的立法，在保障女同性恋者、男同性恋者、双性恋者与跨性别者权益方面，加拿大走在了美国的前面。

（三）我国性少数群体权利保障的本土化反思[①]

在西方世界，由于性解放运动的较长历史，以及性别理论的长足发展，反歧视、性少数群体的平权已然在社会生活中成为大众普遍认同的伦理准则，相关的立法以及文化宣传都呈现一个良

① 孙瑞瑞.境外性少数群体权利保障——实践及本土化反思[J]. 文化学刊，2018（1）：191-195.

性进步的趋势，性别问题上的政治正确已是毋庸置疑的共识。相对于西方，在我国，这一问题却仍然被淹没在边缘地位，性少数群体的话语权依然失落。

造成这一状况的原因是多方面的。首先，作为一个发展中国家，社会的主要矛盾仍然是贫富差距、地域差异以及发展不平衡状况，有关性少数群体所遭受的不公平待遇的讨论鲜少在主流话语中出现，对这一问题的关注也被其他更关键、紧迫的问题所掩盖；其次，性别理论传入我国不过十几年，相关的理论传统的缺失以及理论跟进的缓慢步伐也使得这一议题尚未获得如西方学术界那般广泛的关注；最后，性少数群体自身的结盟与运动在我国也处于一个萌芽阶段，仅仅在北上广等大城市以及各省会城市出现了同性恋组织或性少数群体联盟组织，而相关的推广、宣传活动也因为种种不可抗力难以为继，“小打小闹”，这也使得性少数群体在中国语境之中所发出的声音十分微弱，难以被听见。

在当下中国，我们需要呼吁对这一群体的普遍关注，尤其是在大众文化以及网络话语中给予这一群体发声、表达以及再现的权利与空间，如在文学、艺术、电影等领域给予这一主题或相关主题的展示平台，去鼓励性别议题的被讨论与被关注，使得性少数群体的性别身份能够暴露在大众目光的审视之下，只有在这种丰富的话语资源之中，我们才有可能去从这些再现的文本中去探究这些非传统的性别身份是如何在异性恋文化中以歪曲、变形的形态被呈现，也因此得以打开挖掘其内在颠覆性的抵抗空间。只要任何一种身份类型认为自己可以定义或是描述某种性别或性倾向，它就是应该且值得被仔细考察和剖析的。

目前，随着社会的多元化发展，国内关注性少数群体的人数不断增多，引发的社会问题也日益增多，如果仅采用政策的方式解决，其结果也只能是治标不治本。只有进行法律调整才能从根本上解决问题，这从欧洲和美洲的立法实践中也可以得到证明。虽然我国当下对性少数群体实施立法保障的时机尚未成熟，但可以采用循序渐进的模式，分阶段完善：第一，完善我国宪法和法律，加强性少数群体的权利立法保护；第二，加强性少数群体权利的司法救济，健全救济体系；第三，完善人权社会保障机制，提供政策支持。

（四）可能的出路——互联网：提高性少数群体关注度的新平台①

大多数国民并非顽固地对性少数人群秉持负面或刻板的态度；他们只是“不了解”；他们现在犹豫不决，是因为他们对相关议题了解不足，对数百万受到这些议题影响的人们了解不足。这也充分地证明了，社会搭建充分了解性少数群体的渠道，对推动社会广泛地接纳性别与性取向多元化，推动社会进步具有何等重要的社会意义（联合国开发计划署）。

在中国传统文化与民风民俗的背景下，中国人对于选择无法孕育后代的同性恋现象多持有保守态度，接纳程度相对较低，同时秉持着中华文化中的中庸态度。李银河、郑宏霞认为，完全接纳和坚决反对的人都比较少，大多数人处于中间状态。同时，长久以来中国校园中性教育的缺失，传统大众媒体对性少数群体议题的边缘化，导致人们对性少数群体的了解长期处于信息不对称

① 陈钰驰.互联网时代的群际交往：基于群际接触理论对中国性少数群体的定量研究[D]. 上海：上海外国语大学，2017.

的状况。因此，公众对于同性恋群体以及整个性少数群体的了解十分有限，甚至因为不准确的渠道而对该群体产生深刻的“污名化”，甚至产生极为强烈的歧视。从而导致社会多数群体将低劣的特质强加给少数群体并加以维持，且同性恋群体与异性恋群体之间的鸿沟进一步加剧，固化了刻板印象，减少了性少数群体获得社会认同的机会。

正如社会接触理论与类社会接触假设所倡导的，提高社会公众对同性恋群体的了解，传递性少数群体丰富多元化的理念，是改善群体之间关系的重要途径，也是大众媒体改善群际关系的主要手段。互联网无疑将各国的性取向多元文化产品逐步地推入中国异性恋的视域之中。然而，公众通常仍然以异域或外文化的眼光审视或窥视同性恋现象，或是此类关注仅限于少数的中国青少年亚文化群体之中，对于中国的同性恋者以及整个性少数群体的关注则相对较少。然而，由爱奇艺出品，米未制作的融入辩论元素的说话达人秀电视节目“奇葩说”则是对这一现象的突破，为中国多元的性取向群体以及性少数群体提供了难得的展现平台。

观众对于“奇葩说”中性少数群体人物的社会身份是有明确认知的，而且是较为积极正面的。而多数受访者也肯定了“奇葩说”是当下中国不可多得的积极客观展现性少数群体形象的一档节目，且大胆地挑战了传统的单一性别认同，促使观众更全面地了解性别多元文化。不可否认的是，互联网的确为中国公众了解接触同性恋群体提供了一个更为广阔的渠道，也成为当今性少数群体获得关注的重要平台。

建设一个多元包容的社会，接纳性少数群体，了解性别多元文化，是每一个公民个体改善群际关系并优化群际传播都必须做出的努力，也符合中国构建和谐社会的大局。互联网为达到这一目的，削减偏见，除去“污名化”现象，改善刻板印象，提供了一个更为广阔自由的平台。这对于长期生活在社会边缘的中国同性恋群体以及整个性少数社群体都是新的希望。

目前，中国的性少数群体仍由于其特殊的性别表达方式或性倾向而遭受不同程度的歧视，在教育、就业等方面受到了不同程度的负面影响，在获取医疗卫生服务、心理咨询服务以及其他社会服务时遇到一系列困难。所以，推动基础教育、知识普及、法律以及制度建设，也是保护同性恋者以及性少数群体的关键手段。同时，推动社会不同领域的多元性别文化教育也至关重要，让全社会认识和了解性倾向、性别认同、性别表达以及生理性别构造的多元状态，在尊重差异的基础上平等对待性少数群体，促进多元性别平等的意识。